독학사

교양공통

국사 적중예상문제집

시대에듀

머리말 INTRO

학위를 얻는 데 시간과 장소는 더 이상 제약이 되지 않습니다. 대입 전형을 거치지 않아도 '학점은행제'를 통해 학사학위를 취득할 수 있기 때문입니다. 그중 독학학위제도는 고등학교 졸업자이거나 이와 동등 이상의 학력을 가지고 있는 사람들에게 효율적인 학점 인정 및 학사학위 취득의 기회를 줍니다.

학습을 통한 개인의 자아실현 도구이자 자신의 실력을 인정받을 수 있는 스펙인 독학사는 짧은 기간 안에 학사학위를 취득할 수 있는 가장 빠른 지름길로써 많은 수험생들의 선택을 받고 있습니다.

이 책은 독학사 시험을 준비하는 수험생분들이 단기간에 효과적인 학습을 할 수 있도록 다음과 같이 구성하였습니다.

---

01 다년간 독학사 1단계 시험에서 빈출된 문제를 복원하여 '최신빈출기출문제'를 수록하였습니다.

02 기본서에서 학습한 내용을 바탕으로 다양한 유형의 '객관식 문제'를 구성하였습니다.

03 단원별로 출제 가능성이 높은 부분을 '주관식 문제'로 엄선하였습니다.

04 출제 경향을 반영한 '최종모의고사'로 자신의 실력을 점검해 볼 수 있도록 하였습니다.

시간 대비 학습의 효율성을 높이기 위해 방대한 학습 분량을 최대한 압축하여 정리하였으며, 출제 유형을 반영한 문제들로 구성하도록 노력하였습니다. 이 책으로 학위취득의 꿈을 이루고자 하는 수험생분들의 합격을 응원합니다.

편저자 드림

⬡ 독학학위제란?

「독학에 의한 학위취득에 관한 법률」에 의거하여 국가에서 시행하는 시험에 합격한 사람에게 학사학위를 수여하는 제도

- ✅ 고등학교 졸업 이상의 학력을 가진 사람이면 누구나 응시 가능
- ✅ 대학교를 다니지 않아도 스스로 공부해서 학위취득 가능
- ✅ 일과 학습의 병행이 가능하여 시간과 비용 최소화
- ✅ 언제, 어디서나 학습이 가능한 평생학습시대의 자아실현을 위한 제도
- ✅ 학위취득시험은 4개의 과정(교양, 전공기초, 전공심화, 학위취득 종합시험)으로 이루어져 있으며 각 과정별 시험을 모두 거쳐 학위취득 종합시험에 합격하면 학사학위 취득

⬡ 독학학위제 전공 분야 (11개 전공)

국어국문학, 영어영문학, 심리학, 경영학, 컴퓨터공학, 간호학, 법학, 행정학, 가정학, 유아교육학, 정보통신학

- ※ 유아교육학 및 정보통신학 전공 : 3, 4과정만 개설
  (정보통신학의 경우 3과정은 2025년까지, 4과정은 2026년까지만 응시 가능하며, 이후 폐지)
- ※ 간호학 전공 : 4과정만 개설
- ※ 중어중문학, 수학, 농학 전공 : 폐지 전공으로, 기존에 해당 전공 학적 보유자에 한하여 2025년까지 응시 가능

- ※ 시대에듀는 현재 4개 학과(심리학과, 경영학과, 김퓨터공학과, 간호학과) 개설 완료
- ※ 2개 학과(국어국문학과, 영어영문학과) 개설 중

독학학위제 시험안내 INFORMATION

⬡ 과정별 응시자격

단계	과정	응시자격	과정(과목) 시험 면제 요건
1	교양	고등학교 졸업 이상 학력 소지자	• 대학(교)에서 각 학년 수료 및 일정 학점 취득 • 학점은행제 일정 학점 인정 • 국가기술자격법에 따른 자격 취득 • 교육부령에 따른 각종 시험 합격 • 면제지정기관 이수 등
2	전공기초		
3	전공심화		
4	학위취득	• 1~3과정 합격 및 면제 • 대학에서 동일 전공으로 3년 이상 수료 (3년제의 경우 졸업) 또는 105학점 이상 취득 • 학점은행제 동일 전공 105학점 이상 인정 (전공 28학점 포함) • 외국에서 15년 이상의 학교교육과정 수료	없음(반드시 응시)

⬡ 응시방법 및 응시료

- 접수방법 : 온라인으로만 가능
- 제출서류 : 응시자격 증빙서류 등 자세한 내용은 홈페이지 참조
- 응시료 : 20,700원

⬡ 독학학위제 시험 범위

- 시험 과목별 평가영역 범위에서 대학 전공자에게 요구되는 수준으로 출제
- 독학학위제 홈페이지(bdes.nile.or.kr) ➜ 학습정보 ➜ 과목별 평가영역에서 확인

⬡ 문항 수 및 배점

과정	일반 과목			예외 과목		
	객관식	주관식	합계	객관식	주관식	합계
교양, 전공기초 (1~2과정)	40문항×2.5점 =100점	–	40문항 100점	25문항×4점 =100점	–	25문항 100점
전공심화, 학위취득 (3~4과정)	24문항×2.5점 =60점	4문항×10점 =40점	28문항 100점	15문항×4점 =60점	5문항×8점 =40점	20문항 100점

※ 2017년도부터 교양과정 인정시험 및 전공기초과정 인정시험은 객관식 문항으로만 출제

⬡ 합격 기준

■ 1~3과정(교양, 전공기초, 전공심화) 시험

단계	과정	합격 기준	유의 사항
1	교양	매 과목 60점 이상 득점을 합격으로 하고, 과목 합격 인정(합격 여부만 결정)	5과목 합격
2	전공기초		6과목 이상 합격
3	전공심화		

■ 4과정(학위취득) 시험 : 총점 합격제 또는 과목별 합격제 선택

구분	합격 기준	유의 사항
총점 합격제	• 총점(600점)의 60% 이상 득점(360점) • 과목 낙제 없음	• 6과목 모두 신규 응시 • 기존 합격 과목 불인정
과목별 합격제	• 매 과목 100점 만점으로 하여 전 과목(교양 2, 전공 4) 60점 이상 득점	• 기존 합격 과목 재응시 불가 • 1과목이라도 60점 미만 득점하면 불합격

⬡ 시험 일정

■ 4단계 시험 과목 및 시간표

구분(교시별)	시간	시험 과목명
1교시	09:00~10:40 (100분)	국어, 국사, 외국어 중 택2 과목 (외국어를 선택할 경우 실용영어, 실용독일어, 실용프랑스어, 실용중국어, 실용일본어 중 택1 과목)
2교시	11:10~12:50 (100분)	총 11개 학과 (컴퓨터공학, 간호학, 국어국문학, 영어영문학, 심리학, 경영학, 법학, 행정학, 유아교육학, 가정학, 정보통신학 중 택2 전공과목)
중식 12:50~13:40(50분)		
3교시	14:00~15:40 (100분)	총 11개 학과 (컴퓨터공학, 간호학, 국어국문학, 영어영문학, 심리학, 경영학, 법학, 행정학, 유아교육학, 가정학, 정보통신학 중 택2 전공과목)

※ 시험 일정 및 시험 시간표는 반드시 독학학위제 홈페이지(bdes.nile.or.kr)를 통해 확인하시기 바랍니다.

독학학위제 출제방향 GUIDE

국가평생교육진흥원에서 고시한 과목별 평가영역에 준거하여 출제하되, 특정한 영역이나 분야가 지나치게 중시되거나 경시되지 않도록 한다.

독학자들의 취업 비율이 높은 점을 감안하여, 과목의 특성을 반영하는 범주 내에서 학문적이고 이론적인 문항뿐만 아니라 실무적인 문항도 출제한다.

단편적 지식의 암기로 풀 수 있는 문항의 출제는 지양하고, 이해력 · 적용력 · 분석력 등 폭넓고 고차원적인 능력을 측정하는 문항을 위주로 한다.

이설(異說)이 많은 내용의 출제는 지양하고 보편적이고 정설화된 내용에 근거하여 출제하며, 그럴 수 없는 경우에는 해당 학자의 성명이나 학파를 명시한다.

교양과정 인정시험(1과정)은 대학 교양교재에서 공통적으로 다루고 있는 기본적이고 핵심적인 내용을 출제하되, 교양과정 범위를 넘는 전문적이거나 지엽적인 내용의 출제는 지양한다.

전공기초과정 인정시험(2과정)은 각 전공영역의 학문을 연구하기 위하여 각 학문 계열에서 공통적으로 필요한 지식과 기술을 평가한다.

전공심화과정 인정시험(3과정)은 각 전공영역에 관하여 보다 심화된 전문적인 지식과 기술을 평가한다.

학위취득 종합시험(4과정)은 시험의 최종 과정으로서 학위를 취득한 자가 일반적으로 갖추어야 할 소양 및 전문 지식과 기술을 종합적으로 평가한다.

교양과정 인정시험 및 전공기초과정 인정시험의 시험방법은 객관식(4지택1형)으로 한다.

전공심화과정 인정시험 및 학위취득 종합시험의 시험방법은 객관식(4지택1형)과 주관식(80자 내외의 서술형)으로 하되, 과목의 특성에 따라 다소 융통성 있게 출제한다.

독학학위제 합격수기 COMMENT

❝ 저는 학사편입 제도를 이용하기 위해 2~4단계 시험에 순차로 응시했고 한 번에 합격했습니다. 아슬아슬한 점수라서 부끄럽지만 독학사는 자료가 부족해서 부족하나마 후기를 쓰는 것이 도움이 될까 하여 제 합격전략을 정리하여 알려 드립니다.

#1. 교재와 전공서적을 가까이에!

학사학위 취득은 본래 4년을 기본으로 합니다. 독학사는 이를 1년으로 단축하는 것을 목표로 하는 시험이라 실제 시험도 변별력을 높이는 몇 문제를 제외한다면 기본이 되는 중요한 이론 위주로 출제됩니다. 시대에듀의 독학사 시리즈 역시 이에 맞추어 중요한 내용이 일목요연하게 압축·정리되어 있습니다. 빠르게 훑어보기 좋지만 내가 목표로 한 전공에 대해 자세히 알고 싶다면 전공서적과 함께 공부하는 것이 좋습니다. 교재와 전공서적을 함께 보면서 교재에 전공서적 내용을 정리하여 단권화하면 시험이 임박했을 때 교재 한 권으로도 자신 있게 시험을 치를 수 있습니다.

#2. 시간확인은 필수!

쉬운 문제는 금방 넘어가지만 지문이 길거나 어렵고 헷갈리는 문제도 있고, OMR 카드에 마킹까지 해야 하니 실제로 주어진 시간은 더 짧습니다. 앞부분에 어려운 문제가 있다고 해서 시간을 많이 허비하면 쉽게 풀 수 있는 뒷부분 문제들을 놓칠 수 있습니다. 문제 푸는 속도가 느려지면 집중력도 떨어집니다. 그래서 어차피 배점은 같으니 아는 문제를 최대한 많이 맞히는 것을 목표로 했습니다.
① 어려운 문제는 빠르게 넘기면서 문제를 끝까지 다 풀고 ② 확실한 답부터 우선 마킹한 후 ③ 다시 시험지로 돌아가 건너뛴 문제들을 다시 풀었습니다. 확실히 시간을 재고 문제를 많이 풀어봐야 실전에 도움이 되는 것 같습니다.

#3. 문제풀이의 반복!

여느 시험과 마찬가지로 문제는 많이 풀어볼수록 좋습니다. 이론을 공부한 후 예상문제를 풀다보니 부족한 부분이 어딘지 확인할 수 있었고, 공부한 이론이 시험에 어떤 식으로 출제될지 예상할 수 있었습니다. 그렇게 부족한 부분을 보충해가며 문제유형을 파악하면 이론을 복습할 때도 어떤 부분을 중점적으로 암기해야 할지 알 수 있습니다. 이론 공부가 어느 정도 마무리되었을 때 시계를 준비하고 모의고사를 풀었습니다. 실제 시험시간을 생각하면서 예행연습을 하니 시험 당일에는 덜 긴장할 수 있었습니다.

학위취득을 위해 오늘도 열심히 학습하시는 수험생 여러분에게도 합격의 영광이 있길 기원하면서 이만 줄입니다. ❞

이 책의 구성과 특징 STRUCTURES

최신빈출기출문제 (1단계 국사)

※ 본 문제는 다년간 독학사 1단계 시험에서 출제된 빈출기출문제를 복원한 것입니다. 문제의 난이도와 수험경향 파악용으로 사용하시길 권고드립니다.
본 빈출기출문제에 대한 무단복제 및 전재를 금하며 저작권은 시대에듀에 있음을 알려드립니다.

01 다음 내용과 관련이 있는 나라에 대한 설명으로 옳은 것은?

- 사람을 죽인 자는 사형에 처한다.
- 남을 다치게 한 자는 곡식으로 갚는다.
- 도둑질을 한 자는 노비로 삼고 만약 용서를 받으려면 돈을 내야 한다.

① 골품제라는 특수한 신분제도가 있었다.
② 제가 회의를 통해 국가의 중대사를 결정하였다.
③ 상, 대부, 장군 등의 관직을 두었다.
④ 천군이라는 제사장이 있었다.

02 다음과 같은 연호를 사용한 나라에 대한 설명으로 옳지 않은 것은?

인안, 대흥, 보덕, 건흥

① 전성기 때 주변 국가들로부터 해동성국이라 불렸다.

01 고조선은 사회 질서를 유지하기 위해 8개의 조항으로 이루어진 법률을 만들었는데, 현재에는 3가지 조항만 전해진다. 기원전 3세기경 고조선은 부왕, 준왕과 같은 강력한 왕이 등장하여 왕위를 세습하였고, 상, 대부, 장군 등의 관직을 두었다.
① 신라
② 고구려
④ 삼한

02 신라 신문왕은 유교 정치를 확립시키기 위해 유학 교육 기관인 국학을 설립하였다.
①·②·④ 발해는 인안, 대흥 등의 독자적인 연호를 사용하였고, 무왕 때 장문휴의 수군으로 당의 등주를 공격하였고 선왕 때 영토를 크게 확장하여 지방 행정 체제를

01 최신빈출기출문제

'최신빈출기출문제'를 풀어 보며 출제 경향을 파악해 보세요.

제 **1** 장 원시 고대 사회

▣ 부분은 중요문제 Check로 활용해 보세요!

01 역사의 의미

01 역사에 대한 설명으로 옳지 않은 것은?

① '기록으로서의 역사'에는 역사가의 주관이 개입되면 안 된다.
② 역사를 통하여 현재를 살아가는 데 필요한 삶의 지혜와 교훈을 얻을 수 있다.
③ 사료와 역사적 진실이 반드시 일치하는 것은 아니므로 사료 비판이 필요하다.
④ '사실로서의 역사'란 과거에 존재했던 모든 사실과 사건을 의미한다.

02 다음 내용에서 밑줄 친 부분에 대한 사례로 적합한 것을 〈보기〉에서 모두 고르면?

모든 민족의 역사에는 보편성과 특수성이 존재한다. 한국사의 전개 과정에서도 세계사적 보편성과 한국사의 특수성을 지니고 있다. 따라서 한국사를 바르게 이해하기 위해서는 한국사에 내재하는 세계사적 보편성과 우리 민족사의 특수성을 균형 있게 파악해야 한다.

┌ 보기 ┐
㉠ 고려인의 멋이 깃든 상감청자
㉡ 불교에 나타난 자비와 평등사상
㉢ 공동체 조직으로서의 두레, 계, 향도

01 기록으로서의 역사는 과거의 사실을 토대로 역사가가 이를 조사하고 연구하여 주관적으로 재구성한 것이므로 이 과정에서 역사가의 가치관과 같은 주관적 요소가 개입하게 된다.

02 인류는 자신이 터를 잡고 살아가는 지역의 자연환경에 따라 고유한 언어, 풍속, 종교, 예술, 그리고 사회 제도 등을 다양하게 창출하게 되는데 이를 그 민족의 특수성이라 한다. 상감청자, 두레, 계, 향도 등은 우리 민족에게만 나타나는 한국사의 특수성이라 할 수 있다.

02 객관식 문제

학습한 내용을 바탕으로 '객관식 문제'를 풀어 보며 문제를 해결하는 능력을 길러 보세요.

03 주관식 문제

출제 가능성이 높은 부분으로 엄선한 '주관식 문제'를 풀어 보며 시험에 대비해 보세요.

04 최종모의고사

'최종모의고사'를 실제 시험처럼 풀어 보며 실력을 점검해 보세요.

독학사 동영상 강의, 시대에듀(www.sdedu.co.kr)

06 조선 후기 경제 발전과 사회 동향

18
정답 조선 후기 농민에게 가장 큰 부담을 주던 것은 공납이었다. 방납의 폐해가 나타나면서 농민의 부담은 더욱 커져 갔고, 부담을 견디지 못한 농민은 농토를 떠나지 않을 수 없었다. 농민의 토지 이탈은 농촌경제의 파탄으로 인한 결과였지만, 일종의 조세 저항이기도 하였다. 이에 정부는 민생을 안정시키기 위하여 대동법을 실시하게 되었다.

18 조선 후기 대동법의 시행 배경을 서술하시오.

해설 대동법(1608 ~ 1708, 광해군 ~ 숙종)

구분	내용
배경	방납의 폐단, 농촌경제의 파탄, 농민의 이탈
내용	토지 1결당 미곡 12두 부과(공납의 전세화), 쌀·삼베나 무명, 동전 등으로 납부(조세의 금납화), 지주들의 반발로 전국적 시행에 100여 년 소요
영향	공인 등장 → 상품 수요 증기, 상품화폐 경제 발달 → 장시 발달 → 도고 성장

19
정답 단위 면적당 생산량이 증가되어 소득이 증대되었다. 노동력도 절감되었고, 벼와 보리의 이모작이 널리 행해지면서 보리 재배가 확대되었다.

19 조선 후기 이앙법의 발전으로 경제가 활성화되었다. 이앙법(모내기법)의 효과를 간략하게 서술하시오.

해설 조선 후기 농업의 발전

구분	내용
이앙법	조선 후기 정부의 모내기법 금지령에도 불구하고 전국적으로 확대

제1회   최종모의고사 | 국사(1단계)

제한시간: 50분 | 시작 ___시 ___분 ~ 종료 ___시 ___분

⊐ 정답 및 해설 161p

01 구석기시대의 생활 모습으로 옳은 것은?
  ① 유적으로는 상원의 검은모루 동굴, 공주 석장리 등이 있다.
  ② 농경의 시작으로 인하여 벼를 수확하였다.
  ③ 움집, 창고, 공동 작업장을 갖춘 마을이 형성되었다.
  ④ 호랑이 모양과 발 모양의 띠고리 장식을 사용하였다.

02 신석기시대의 사회 모습에 대한 설명으로 가장 적절하지 않은 것은?
  ① 농경 생활이 시작되었고, 돌괭이, 돌삽, 돌보습, 돌낫 등의 농기구를 사용하였다.
  ② 집터는 대개 움집 자리로, 바닥은 원형이나 모서리가 둥근 네모형이다.
  ③ 이 시대의 대표적인 토기는 민무늬 토기이다.
  ④ 나무와 청동으로 만든 농기구가 발달하여 농업 생산력에 기여하였다.

03 다음 글에서 언급하고 있는 시대의 국가에 대한 설명으로 옳은 것은?

그 풍속에 혼인을 할 때 구두로 이미 정해지면 여자의 집에는 대옥 뒤에 소옥을 만드는데, 이를 서옥이라고 한다. 저녁에 사위가 여자의 집에 이르러 문밖에서 자신의 이름을 말하고 꿇어앉아 절하면서 여자와 동숙하게 해줄 것을 애걸한다. 이렇게 두세 차례 하면 여자의 부모가 듣고 서옥에 나아가 자게 한다. 그리고는 옆에 전백을 놓아둔다.

『삼국지 위이전』

목차 CONTENTS

당신이 저지를 수 있는 가장 큰 실수는 실수를 할까 두려워하는 것이다.

− 앨버트 하버드 −

1단계 국사

최신빈출기출문제

출/ 제/ 유/ 형/ 완/ 벽/ 파/ 악/

훌륭한 가정만한 학교가 없고, 덕이 있는 부모만한 스승은 없다.

– 마하트마 간디 –

※ 본 문제는 다년간 독학사 1단계 시험에서 출제된 빈출기출문제를 복원한 것입니다. 문제의 난이도와 수험경향 파악용으로 사용하시길 권고드립니다. 본 빈출기출문제에 대한 무단복제 및 전제를 금하며 저작권은 시대에듀에 있음을 알려드립니다.

01 다음 내용과 관련이 있는 나라에 대한 설명으로 옳은 것은?

> • 사람을 죽인 자는 사형에 처한다.
> • 남을 다치게 한 자는 곡식으로 갚는다.
> • 도둑질을 한 자는 노비로 삼고 만약 용서를 받으려면 돈을 내야 한다.

① 골품제라는 특수한 신분제도가 있었다.
② 제가 회의를 통해 국가의 중대사를 결정하였다.
③ 상, 대부, 장군 등의 관직을 두었다.
④ 천군이라는 제사장이 있었다.

01 고조선은 사회 질서를 유지하기 위해 8개의 조항으로 이루어진 법률을 만들었는데, 현재에는 3가지 조항만 전해진다. 기원전 3세기경 고조선은 부왕, 준왕과 같은 강력한 왕이 등장하여 왕위를 세습하였고, 상, 대부, 장군 등의 관직을 두었다.
① 신라
② 고구려
④ 삼한

02 다음과 같은 연호를 사용한 나라에 대한 설명으로 옳지 <u>않은</u> 것은?

> 인안, 대흥, 보덕, 건흥

① 전성기 때 주변 국가들로부터 해동성국이라 불렸다.
② 지방 행정 체제를 5경 15부 62주로 정비하였다.
③ 유학 교육 기관인 국학을 설립하였다.
④ 장문휴의 수군으로 당의 등주를 공격하였다.

02 신라 신문왕은 유교 정치를 확립시키기 위해 유학 교육 기관인 국학을 설립하였다.
①·②·④ 발해는 인안, 대흥 등의 독자적인 연호를 사용하였다. 무왕 때 장문휴의 수군으로 당의 등주를 공격하였고 선왕 때 영토를 크게 확장하여 지방 행정 체제를 5경 15부 62주로 정비하며 전성기를 누리면서 해동성국이라 불렸다.

정답 (01 ③ 02 ③)

03
원화(源花)제도는 화랑제도 전에 있었던 제도로, 원화제도가 폐지되면서 외모가 예쁜 남자를 화랑으로 선발하는 화랑제도로 개편되었다.
① 9서당은 통일신라의 신문왕 때 설치된 중앙 군사 조직이다.
② 경당은 고구려의 지방에 있었던 민간 교육 기관이다.
④ 신라 진흥왕 때 제도화되었다.

03 다음 중 화랑제도에 대한 설명으로 옳은 것은?

① 9서당으로 조직되었다.
② 화랑도 교육은 경당에서 실시하였다.
③ 원화제도를 대체한 귀족 청소년 조직이다.
④ 태종 무열왕 때 제도화되었다.

04
진흥왕이 한강 상류를 점령한 후 세운 비석은 단양 적성비이다. 중원 고구려비는 국내에 유일하게 남아 있는 고구려의 비석으로 비문의 내용을 통해 고구려 전성기 때의 남진 정책과 고구려와 신라와의 관계 등을 알 수 있다.

04 삼국의 비석에 대한 설명으로 옳지 않은 것은?

① 울진 봉평비는 법흥왕 때 만들어진 비석이다.
② 중원 고구려비는 진흥왕이 고구려 땅이던 한강 상류를 점령한 후 세운 비석이다.
③ 사택지적비는 의자왕 때 활약했던 대신 사택지적이 남긴 비이다.
④ 북한산 순수비는 김정희의 금석학 연구를 통해 진흥왕 순수비 중 하나임이 밝혀졌다.

05
발해 무왕 때 당이 흑수말갈과 연합하여 발해를 위협하자 732년에 장문휴가 당나라의 산동 지역을 먼저 공격했다. 또한, 산동 반도에 신라인의 거주지인 신라방이 생겨났다.

05 다음 내용과 관련 있는 중국의 지역은 어디인가?

- 발해 무왕 때 선제공격한 지역이다.
- 신라인의 거주지가 설치된 지역이다.

① 요동 지역
② 산동 지역
③ 요서 지역
④ 양자강

정답 03 ③ 04 ② 05 ②

06 고구려 고분에 대한 설명으로 옳은 것은?

① 송산리 고분군의 벽돌무덤이 대표적인 예이다.

② 돌무지 덧널무덤에서 천마도가 발견되었다.

③ 무용총의 사냥 그림을 통해 당시 생활상을 알 수 있다.

④ 봉분 주위를 둘레돌로 두르고 12지 신상을 조각하였다.

07 다음 중 태조 왕건이 고려를 건국한 요인으로 옳은 것은?

> ㉠ 농민 출신으로 농민들의 지지를 받았다.
> ㉡ 신라와 우호적인 관계를 유지하였다.
> ㉢ 미륵불을 자처하였다.
> ㉣ 호족을 통합하였다.

① ㉠, ㉡

② ㉠, ㉢

③ ㉡, ㉣

④ ㉢, ㉣

08 다음 설명에서 괄호 안에 들어갈 토지제도로 가장 옳은 것은?

> 고려시대에는 여러 토지제도가 있었다. 이 중 (   )은(는)
> 초기에 관직과 상관없이 인품만 고려하여 나눠준 토지이다.

① 역분

② 과전

③ 전시

④ 식전

---

06 고구려 무용총에서 무용도와 여러 고분 벽화가 발견되어, 이를 통해 고구려인들의 생활과 풍속을 짐작할 수 있다.

① 송산리 고분군은 백제 웅진 시기의 고분으로 중국 남조의 영향을 받은 벽돌무덤이 있다.

② 경주 천마총에서 출토된 천마도는 신라의 유물이다.

④ 통일신라시대에 굴식 돌방무덤에 둘레돌을 두르고 12지 신상을 조각하는 독특한 양식이 새롭게 나타났으며 대표적인 예로는 경주 김유신묘가 있다.

07 태조 왕건은 견훤과 달리 신라와 우호적인 관계를 유지했고 결국 신라 왕인 경순왕(김부)이 935년에 고려에 항복하게 된다. 또한, 호족들을 포섭하기 위해서 혼인정책 등을 펼쳐 후삼국 통일에 유리한 고지를 점하게 되었다.

㉠ 태조 왕건은 송악(개성)의 호족 출신이다.

㉢ 후고구려를 세운 궁예는 자신을 미륵불이라 칭하며 전제 정치를 펼치다 왕건에게 왕위를 빼앗기게 된다.

08 고려시대의 토지제도에서 관직과 관계없이 인품만 고려하여 토지를 지급한 제도는 역분(전) 제도이다. 역분전은 고려 태조 때인 940년에 후삼국 통일 후 공신들에게 논공행상적인 성격으로 나눠준 토지이다.

정답 06 ③ 07 ③ 08 ①

09 고려의 성종은 최승로의 시무 28조를 받아들여 중앙의 통치 기구를 개편하고 중앙 관제를 정비하였다. 지방에는 12목을 설치하고 지방관을 파견하여 지방 세력을 견제하였다.

10 거란이 아닌 몽골에 대항하기 위해 무신 집권기인 최우 때 강화도로 천도하였다.

11 『삼국유사』는 고려 충렬왕 때인 1281년에 승려 일연이 편찬한 역사서이다.

09 다음 중 고려 광종의 업적으로 옳지 않은 것은?

① 노비안검법을 실시하여 불법적으로 노비가 된 자를 해방시켰다.
② 최승로의 시무 28조를 받아들여 12목에 지방관을 파견하였다.
③ 관료의 기강 확립을 위해 공복 제도를 실시하였다.
④ 광덕, 준풍의 자주적인 연호를 사용하였다.

10 다음 중 고려시대의 대외관계에 대한 설명으로 옳지 않은 것은?

① 삼별초는 몽골과의 항전을 벌였다.
② 여진족을 공략하고 동북 9성을 축조하였다.
③ 송나라와 우호적인 관계를 유지하였다.
④ 거란의 침입에 대비해 도읍을 강화도로 천도했다.

11 다음 설명에 해당하는 역사서는 무엇인가?

> 불교사를 중심으로 쓴 역사서로 설화와 야사 등이 기록되었다. 단군을 시조로 하는 자주의식이 담겨 있는 역사서이다.

① 삼국유사
② 삼국사기
③ 역옹패설
④ 제왕운기

더 알아두기
『삼국사기』와 『삼국유사』

구분	『삼국사기』	『삼국유사』
저자	김부식	일연
편찬시기	인종(1145)	충렬왕(1281)
역사서술 방법	기전체	기사본말체
사관	합리적 유교 사관	자주적 불교 사관
특징	• 관찬 사서 • 현존 최고(最古) 사서 • 신라 계승 의식	• 개인이 저술 • 설화 중심, 단군신화 최초 수록 • 고구려 계승 의식

정답 09 ② 10 ④ 11 ①

12 다음 내용에서 지눌에 대한 설명으로 옳은 것은?

> ㄱ. 수선사 결사 운동을 추진하였다.
> ㄴ. 선종을 위주로 한 혁신 운동이었다.
> ㄷ. 수련 방식은 돈오점수였다.
> ㄹ. 교종을 중심으로 선종을 포섭하려 노력하였다.
> ㅁ. 강진 지역에 있는 토호세력의 지원을 받아 백련사 결사 운동을 조직하였다.

① ㄱ, ㄴ, ㄷ
② ㄱ, ㄴ, ㄹ
③ ㄴ, ㄷ, ㅁ
④ ㄷ, ㄹ, ㅁ

13 조선 전기의 대외 관계에 대한 설명으로 옳은 것을 〈보기〉에서 모두 고른 것은?

> ── 보기 ──
> ㄱ. 동남아시아와의 교역을 위해 무역소를 설치하였다.
> ㄴ. 왜구의 약탈이 계속되자 쓰시마섬을 정벌하였다.
> ㄷ. 한양에 북평관을 개설하고 조공 무역을 허용하였다.
> ㄹ. 초량에 왜관을 설치하고 개시 무역을 실시하였다.

① ㄱ, ㄴ
② ㄱ, ㄷ
③ ㄴ, ㄷ
④ ㄷ, ㄹ

---

12 보조국사 지눌은 무신 집권기 때 신앙 결사 운동을 전개한 인물이다. 지눌(조계종)은 순천 송광사(수선사)에서 승려 본연의 자세로 돌아가 독경과 선 수행, 노동에 힘쓰자는 수선사 결사 운동을 제창하였다. 즉, 선종 중심의 교종을 통합하는 운동으로 정혜쌍수와 돈오점수를 강조하였다.
ㄹ. 교종을 중심으로 선종을 통합하려는 운동은 11세기경에 대각국사 의천(천태종)이 추진하였다.
ㅁ. 강진 만덕사(백련사)에서 백련사 결사 운동을 조직한 사람은 무신 집권기 승려인 요세이다.

13 ㄴ. 세종은 이종무를 쓰시마섬으로 보내 왜구를 토벌하도록 하였다(1419).
ㄷ. 세종 때 한양에 여진의 사절단을 대접하는 북평관을 설치하고 조공 무역을 허락하였다.
ㄱ. 태종 때 국경 지방인 경성과 경원에 무역소를 설치하여 여진과의 무역 활동을 전개하였다.
ㄹ. 임진왜란 이후 왜와 단절되었던 국교가 재개되면서 1678년 초량에는 왜관이 설치되고 개시 무역이 실시되었다.

정답 12 ① 13 ③

14 『농사직설』은 조선 세종 때인 1429년에 편찬된 관찬 농업서이다. 이전의 농서들이 중국의 농서에 바탕을 둔 데에 반해 『농사직설』은 우리 실정에 맞게 편찬된 최초의 농서라고 할 수 있다.
① 『농가집성』은 17세기에 신속이 편찬한 책으로 『농사직설』, 『금양잡록』, 『사시찬요초』, 『구황촬요』가 합쳐진 종합 농업서이다.
② 『금양잡록』은 조선 전기인 1492년에 강희맹이 편찬한 책으로 사계절의 농사와 농작물에 대한 여러 가지 사항을 기술한 농업서이다.
③ 『농상집요』는 중국 최초의 관찬 농서로 1273년에 편찬된 책이다. 이 책은 고려 후기 때 이암이 원나라로부터 수입한 농업서이기도 하다.

15 ① 조선 후기에 한강 지역을 중심으로 선박을 통한 대동미 운수업 등의 각종 상업 활동을 전개하였다.
② 대동법의 실시 이후 국가에서 필요한 물품을 조달하였다.
③ 조선 후기 서울을 중심으로 중인 이하의 계층이 문학 창작 활동을 위해 조직한 단체이다.

16 문제의 내용은 중종 때 활동했던 조광조의 개혁 정치의 내용 중 하나로, 위훈삭제 등으로 인한 훈구 세력들의 반발로 조광조를 비롯한 사림 세력들이 제거되었다(기묘사화, 1519).
① 무오사화는 1498년 연산군 때 김종직(김일손 스승)의 조의제문으로 인해 발생하였다.
② 갑자사화는 1504년 연산군 때 연산군의 어머니인 폐비 윤씨 사건으로 인해 발생하였다.
④ 을사사화는 1545년 명종 때 외척인 윤원형(소윤)과 윤임(대윤)의 다툼으로 인해 발생하였다.

14 **다음 설명에 해당하는 농업서는?**

> 정초, 변효문이 왕명으로 편찬하였으며, 전국 각지 노농(老農)의 실제 경험을 수집하여 정리하였다. 각종 곡식 재배법이 지역마다 다른 것을 알려주어 각 지역 권농관의 지침서가 되었다.

① 농가집성
② 금양잡록
③ 농상집요
④ 농사직설

15 **다음 내용에서 밑줄 친 '이들'은 누구인가?**

> 조선 후기에 포구가 상업 중심지로 발전하면서 각 지방의 선상이 물건을 가지고 포구에 들어오면 그 상품의 매매를 중개하며 부수적으로 금융·숙박의 영업을 하는 이들이 부를 축적하였다.

① 경강상인
② 공인
③ 시사
④ 객주와 여각

16 **다음의 조치들에 대한 반발로 일어난 조선시대 사화는?**

> • 현량과와 향약의 실시
> • 불교와 도교 행사의 폐지

① 무오사화
② 갑자사화
③ 기묘사화
④ 을사사화

더 알아두기

조광조의 개혁 정치
• 현량과 실시
• 소격서(불교·도교 행사) 폐지
• 소학 장려
• 수미법 건의
• 경연 강화
• 향약 시행
• 위훈삭제

17 조선시대 사림이 정국을 주도했던 시기에 대한 설명으로 옳은 것은?

① 동문선이 편찬되었다.
② 혼일강리역대국도지도가 제작되었다.
③ 일부 군현의 읍지를 본격적으로 편찬하고, 향토의 문화유산에 대한 관심이 반영되었다.
④ 고려사 · 동국통감 등 민족적 지각과 왕실을 높이는 역사서가 편찬되었다.

18 다음 중 괄호 안에 들어갈 기관에 대한 설명으로 가장 옳은 것은?

> 조선 초기에는 관학이 우세하였으나 16세기 이후 지방 사족이 자기 고을에 세운 (　　　)이(가) 늘어나 관학과 사학이 서로 경쟁하게 되었다.

① 서민 문화의 발달에 기여하였다.
② 학파와 붕당을 결속시키는 구심점 역할을 하였다.
③ 지방 사족의 자제를 대상으로 기술 교육에 힘썼다.
④ 향촌에서 한문이나 초보적 유학 교육을 담당했다.

19 다음 중 조선시대의 비변사에 대한 설명으로 옳지 <u>않은</u> 것은?

① 비변사는 삼포왜란 이후 상설화되었다.
② 임진왜란 이후 비변사는 그 기능이 강화되고 권한도 크게 확대되어 국정 전반을 총괄하는 최고 회의 기구가 되었다.
③ 비변사에는 의정부의 정승들과 공조를 제외한 5조 판서, 문무 2품 이상의 고위 당상 등이 참여하였다.
④ 흥선대원군은 비변사의 기능을 축소하다가 결국 폐지하였다.

---

17 조선시대 때 사림이 정국을 주도했던 시기는 붕당 정치가 시작되었던 16세기 선조 무렵이라고 할 수 있다. 16세기에는 일부 군현의 읍지가 편찬되기도 하여 당시 향토의 문화적 유산에 대한 관심을 반영해 주고 있다.
① 『동문선』은 조선 초기인 1478년 성종의 명으로 서거정 등이 편찬한 시문선집이다.
② 혼일강리역대국도지도는 현전하는 동양 최고(最古)의 세계지도로 조선 초기인 1402년 태종 때 이회 등이 그린 지도이다.
④ 『고려사』는 1451년 문종 때 김종서 · 정인지 등이 완성한 관찬 역사서이고, 『동국통감』은 1485년 성종 때 서거정 등이 편찬한 관찬 역사서로 고조선부터 고려까지 역사를 담고 있다.

18 괄호 안에 들어갈 기관은 서원이다. 서원은 조선 중기 이후 학문 연구와 선현의 제사를 위해 사림이 세운 사학기구이자 향촌 자치 운영기구이다. 서원은 각 학파의 본거지로 학파와 붕당을 연결하기도 한다.
① · ④ 서당에 대한 설명이다.
③ 서원에서는 기술 교육이 아니라 유교 교육을 실시하였다.

19 비변사가 상설화된 것은 1555년 명종 때의 을묘왜변 이후이다. 비변사는 1510년 중종 때 삼포왜란을 계기로 임시기구로 설치되었다.

정답　17 ③　18 ②　19 ①

20 삼정(전정·군정·환정)의 문란과
   경상 우병사 백낙신의 수탈에 견디
   다 못한 농민들이 진주 지역에서 임
   술농민봉기를 일으켰다.
   ② 홍경래의 난
   ③ 이괄의 난
   ④ 동학농민운동

20 다음 내용에서 밑줄 친 '소동'이 일어난 또 다른 배경으로 옳은 것은?

> 경상도 안핵사 박규수가 아뢰기를 "금번 진주의 난민들이 <u>소동</u>을 일으킨 것은 오로지 전(前) 우병사 백낙신이 탐욕을 부려 수탈하였기 때문입니다. …… 이 때문에 고을 인심이 들끓고 여러 사람의 노여움이 한꺼번에 폭발하여 전에 듣지 못하던 변란이 갑자기 일어난 것입니다."라고 하였다.

① 전정·군정·환정의 문란
② 서북 지역민에 대한 차별
③ 2등 공신이 된 것에 대한 불만
④ 군수 조병갑의 횡포

21 조선 후기에는 모내기법(이앙법)이
   확대되어 벼와 보리의 이모작으로
   소득이 크게 증가하였다.

21 다음 중 조선 후기의 경제생활로 옳지 <u>않은</u> 것은?

① 육의전 이외의 시전 상인들의 금난전권이 폐지되었다.
② 직파법이 전국적으로 보급되어 생산량과 소득이 크게 증가
   하였다.
③ 인삼, 담배, 목화 등의 상품작물들이 등장하여 수입이 증대
   되었다.
④ 도조법의 등장으로 소작농의 소득이 증가하였다.

정답 20 ① 21 ②

22 다음 내용에서 밑줄 친 도서가 유행하고 있는 시기에 대한 설명으로 가장 옳은 것은?

> 이 책은 조선의 선조인 한륭공의 두 아들 이심 · 이연과 조선 멸망 후 일어설 정씨(鄭氏)의 조상이라는 정감(鄭鑑)이 금강산에서 마주 앉아 대화를 나누는 형식으로 엮어져 있다. 그 내용은 조선 이후의 흥망대세를 예언하여 이씨의 한양(漢陽) 도읍 몇 백 년 다음에는 정씨의 계룡산(鷄龍山) 도읍 몇 백 년이 있다는 등의 내용을 차례로 예언하고 있다.

① 우리나라 최초의 국문 소설인 홍길동전이 등장하였다.
② 도선 대사의 풍수지리설이 크게 유행하였다.
③ 묘청은 서경 길지설을 근거로 서경 천도 운동을 주장하였다.
④ 사회 혼란이 심해지자 비기도참설 등이 유행하였다.

23 다음 중 척화비를 세운 가장 직접적인 계기가 된 사건은?

① 병인양요
② 오페르트 도굴 사건
③ 신미양요
④ 제너럴셔먼호 사건

22 『정감록』에 관한 내용으로 조선 후기 세도 정치 등으로 사회혼란이 극심해지자 『정감록』이나 비기도참설, 미륵신앙 등이 유행하였다.
① 『홍길동전』은 조선 중기 광해군 때 허균이 지은 국문 소설이다.
② 도선대사는 신라 말에 풍수지리설을 유행시켰다.
③ 묘청은 고려 인종 때인 1126년에 서경 길지설을 주장하며 서경 천도 운동을 추진했지만 결국 실패했다.

23 척화비는 신미양요가 끝난 직후 전국적으로 각지에 세워졌다.

정답 22 ④ 23 ③

24 문제의 내용은 최익현이 강화도 조약 후에 올린 '지부복궐척화의소(持斧伏闕斥和議疏)'이다. 최익현은 강화도 조약 이후 '왜양일체론'을 주장하며 1870년대 개항 반대 운동을 전개하였다.

① 병인양요가 일어난 1860년대는 이항로, 기정진 등이 통상 반대 운동(척화주전론)을 주장하였다.

② 1880년대 황쭌셴의 『조선책략』이 유포되자 이만손(영남 만인소), 홍재학(척사 상소) 등이 개화 반대 운동을 전개하였다.

③ 1890년대 일본이 을미사변을 일으키자 유인석 등은 항일 의병 운동(을미의병)을 일으켰다.

24 다음 내용이 발생한 시기와 관련이 있는 내용은 무엇인가?

> 최익현은 도끼를 함께 가지고 다음 내용의 상소를 올렸다.
> 첫째, 우리의 힘은 약하고 저들은 강하니 자신들에게 필요한 것을 끊임없이 요구할 것이다.
> 둘째, 통상 조약을 맺으면 생산에 한계가 있는 우리의 농산물과 무한하게 생산할 수 있는 저들의 공산품을 교역하게 되니 우리 경제가 지탱할 수 없다.
> 셋째, 왜인은 서양 오랑캐와 하나가 되었으니 그들을 거쳐 서양 문화가 들어오면 인륜이 무너져 금수가 될 것이다.
> 넷째, 저들이 우리 땅을 자유롭게 오가며 살면서 우리의 재물과 부녀자를 약탈하면 막을 수 없다.
> 다섯째, 저들은 재물과 여색만 탐하는 금수이므로 화친해 어울릴 수 없다.

① 문수산성과 정족산성에서 프랑스군을 격퇴하였다.

② 황쭌셴의 조선책략이 유포되었다.

③ 일본이 조선의 궁궐을 침입하여 왕비를 시해하였다.

④ 조선은 일본과 강화도 조약이 체결되었다.

25 1894년에 갑오개혁을 실시하기 위해 임시로 설치한 기구로 김홍집이 총재관을 맡아 정치, 군사에 관한 일체의 사무를 관장하였다.

① 고종이 설치한 국내외의 군국 기무를 총괄하는 관청이다.

② 전주화약 체결 후 자주적인 내정개혁을 하기 위해 설치한 기구이다.

③ 조선 중종 때 외적의 침입에 대비하기 위해 설치한 임시기구였으나, 세도 정치기에 이 기구를 중심으로 요직을 독점한 유력 가문들이 권력을 장악하였다.

25 김홍집 내각이 제1차 갑오개혁을 추진하기 위해 설치한 기구의 이름은?

① 통리기무아문

② 교정청

③ 비변사

④ 군국기무처

정답 24 ④ 25 ④

26 다음 중 가쓰라–태프트 밀약에 대한 설명으로 옳은 것은?

① 영국은 인도, 일본은 한국에 대한 독점적 지배권을 서로 묵인해주기로 하였다.

② 일본은 미국의 중재로 러시아와 조약을 체결하여 한국에 대한 독점적 지배권을 인정받았다.

③ 미국은 필리핀, 일본은 한국에 대한 독점적 지배권을 서로 묵인해 주기로 하였다.

④ 일본이 청나라에서의 영국 이권을 승인하고 영국은 한국에서의 일본의 특수 이익을 승인하였다.

27 다음 중 일본의 식민지 경제 수탈에 관한 설명으로 옳지 <u>않은</u> 것은?

① 1910년대 토지조사사업을 실시하였다.

② 1920년대 회사령을 발표하였다.

③ 1920년대 산미증식계획을 실시하였다.

④ 1930년대 남면북양 정책을 실시하였다.

28 다음 중 1920년대 일본의 문화 통치에 관한 설명으로 옳은 것은?

① 조선 총독을 문관 총독으로 임명했다.

② 보통경찰제로 바뀌면서 경찰 인력이 감소하였다.

③ 조선일보와 동아일보가 창간되었다.

④ 조선태형령과 치안유지법을 폐지하였다.

---

26 1905년 7월 미국과 일본은 필리핀과 한국에 대한 서로의 지배권을 인정하는 가쓰라–태프트 밀약을 맺었다.
① 러일 전쟁 중인 1905년 8월에 영국과 일본은 제2차 영일 동맹을 체결하였다.
② 1905년 9월에 러일 전쟁에서 승리한 일본은 러시아와 포츠머스 강화 조약을 체결하였다.
④ 1902년에 영국과 일본은 제1차 영일 동맹을 체결하였다.

27 1910년에 발표된 회사령은 회사 설립 허가제였지만, 1920년에 신고제로 전환하면서 회사령을 철폐하였다.

28 ① 조선 총독에 문관이 임명될 수 있었지만 단 한 명의 문관 총독도 임명되지 않았다.
② 헌병경찰제에서 보통경찰제로 바뀌었지만, 경찰 관련 인원과 장비 등은 이전보다 3배 이상 증가하였다.
④ 1925년 사회주의 운동을 핑계로 치안유지법을 만들었다.

정답 26 ③ 27 ② 28 ③

29 조선 건국 동맹은 여운형을 중심으로 조직된 독립운동 단체로 불문, 불언, 불명의 3대 원칙을 바탕으로 해방 이후 조국 건설에 대한 논의를 전개하였다(1944).

29 다음 자료에서 설명하고 있는 단체는?

> • 여운형을 중심으로 조직된 독립운동 단체
> • 944년 8월 조직
> • 불문(不文), 불언(不言), 불명(不名) 등 3대 원칙을 바탕으로 활동

① 조선 건국 동맹
② 독립 촉성 중앙 협의회
③ 조선 건국 준비 위원회
④ 좌우 합작 위원회

30 청산리 대첩은 대종교 계열의 단체로 김좌진이 이끄는 북로군정서와 의병장 출신의 홍범도가 이끄는 대한독립군의 연합부대가 일본군을 상대로 크게 승리한 전투이다. 서로군정서는 서간도를 중심으로 이상룡, 지청천, 김동삼 등의 신흥무관학교 출신들이 활동한 독립군 단체이다. 대한독립단은 서간도를 중심으로 의병장 출신들이 활동한 독립군 단체이다.

30 다음 중 밑줄 친 부분에 들어갈 독립군 단체 이름으로 옳은 것은?

> 1920년 김좌진 장군이 이끄는 _(a)_ 와 홍범도 장군이 이끄는 _(b)_ 등이 연합한 독립군은 훈춘 사건을 조작하여 만주로 쳐들어온 일본군을 6일 간 10여 차례의 전투에 대승을 거두게 되는데 이 전투가 바로 청산리 대첩이다.

	(a)	(b)
①	북로군정서	대한독립단
②	서로군정서	대한독립단
③	서로군정서	대한독립단
④	북로군정서	대한독립군

정답 29 ① 30 ④

31 다음 내용과 관련된 단체는 무엇인가?

> 이 단체는 '내 살림 내 것으로! 조선 사람, 조선 것'이라는 구호를 내걸고 국산품 사용하기, 소비 줄이기, 금주하기, 금연하기 등의 운동을 벌였다.

① 신간회
② 형평사
③ 조선물산장려회
④ 근우회

31 조선물산장려회는 1920년 평양에서 조만식의 주도로 물산장려운동을 시작한 단체이다. 물산장려운동은 '내 살림 내 것으로'라는 구호를 걸고 토산품(국산품) 애용 등을 주장하였지만 민족기업의 생산량 부족과 일제의 방해 등으로 성공하지 못했다.

32 다음 중 1930년대에 진행된 농촌진흥운동과 관계있는 설명을 모두 고른 것은?

> ㄱ. 자작농을 육성하여 농촌을 안정시키려 하였다.
> ㄴ. 지주권을 강화하여 농촌을 안정시키려 하였다.
> ㄷ. 민족주의자가 주도한 민족운동이다.
> ㄹ. 일제가 주도한 관제 운동이다.

① ㄱ, ㄷ
② ㄱ, ㄹ
③ ㄴ, ㄷ
④ ㄴ, ㄹ

32 농촌진흥운동은 조선총독부가 주도하여 1932년부터 1940년까지 전개하였던 관제 농민운동이었다. 이 운동은 당시 터져 나왔던 농민(소작농)들의 불만과 소작쟁의 등을 통제하고 안정시키기 위해 벌인 운동이지만 실질적인 성과가 없었고 오히려 이후에 황국신민화를 위한 사전 운동으로 끝나게 된다.

ㄴ · ㄷ 농촌진흥운동의 대상은 지주가 아니라 농민(소작농)들이었다. 또한, 이러한 운동은 민족주의자가 주도한 것이 아니라 일제(조선총독부)가 주도한 관제 운동이었다.

정답 31 ③ 32 ②

33 만주사변은 1931년, 중일전쟁은 1937년, 태평양전쟁은 1941년에 벌어진 사건이다. 여기서 산미증식계획은 1920년부터 1934년까지 일제가 쌀 생산량을 증가시키기 위해 실시한 정책이다. 참고로 산미증식계획은 1921년에 1차, 1926년에 2차, 1940년에 3차가 진행되었다. 즉, 1940년대에도 산미증식계획이 실시는 되었지만, 1·2차에 비해 소극적으로 진행된 정책이었다. 보통 산미증식계획을 1·2차 중심으로 배우므로 여기서 수험생들은 산미증식계획을 선택하면 된다.
① 국가총동원령은 1938년 일제가 인적과 자원의 수탈을 강화하기 위해 발표한 법령이다.
③ 창씨개명은 1930년대 말부터 민족말살정책의 일환으로 실시된 정책이다.
④ 일제는 1939년부터 전쟁 식량을 확보하기 위해 식량 등을 공출하였다.

33 다음 중 괄호 안에 들어갈 사건으로 가장 적절하지 <u>않은</u> 것은?

> 만주사변 – 중일전쟁 – (   ) – 태평양전쟁

① 국가총동원령
② 산미증식계획
③ 창씨개명
④ 공출

34 괄호 안의 단체는 한국광복군으로, 한국광복군은 러시아가 아닌 영국군과 1943년에 인도와 버마 전선에 파견되었다.

34 다음 내용에서 괄호 안에 들어갈 단체에 대한 설명으로 옳지 <u>않은</u> 것은?

> 대한민국 임시정부의 (   )은(는) 1940년에 충칭에서 창설된 단체로 이전까지는 주로 외교나 선전, 의거 활동만 벌였던 임시정부가 갖게 된 정규군대이다. 이 단체는 1942년에 김원봉이 이끄는 조선의용대의 일부 군인들이 참여하면서 규모가 더욱 커졌고 그간의 활동을 인정받아 나중에 독자적인 지휘권을 갖게 되었다.

① 지청천을 총사령관으로, 이범석을 부사령관으로 임명했다.
② 중국 국민당의 지원을 받았다.
③ 러시아와 버마 전선에 파견되어 참여했다.
④ 미국 OSS와의 연합하여 국내진공작전을 준비했지만, 일본의 무조건 항복으로 무산되었다.

정답 33 ② 34 ③

35 다음의 사건을 순서대로 바르게 나열한 것은?

> ㄱ. 강화도 조약 체결
> ㄴ. 동학농민운동
> ㄷ. 척화비 건립
> ㄹ. 대한제국 선포

① ㄱ - ㄷ - ㄴ - ㄹ
② ㄱ - ㄷ - ㄹ - ㄴ
③ ㄷ - ㄱ - ㄴ - ㄹ
④ ㄷ - ㄱ - ㄹ - ㄴ

36 3 · 1 운동과 관련된 설명으로 옳은 것은?

① 순종의 인산일에 학생들을 중심으로 발생하였다.
② 일제의 통치 방식이 문화 통치로 바뀌는 데 큰 영향을 주었다.
③ 한국인 학생과 일본인 학생의 충돌이 원인이 되어 발생하였다.
④ 수도권 지역에서만 운동이 전개되었다.

---

35 ㄷ. 신미양요 이후 흥선대원군은 척화비를 건립하고 서양과의 통상 수교 반대 정책을 전개하였다(1871).
ㄱ. 운요호 사건을 계기로 일본이 조선 정부에 문호 개방을 요구하면서 강화도 조약이 체결되었다(1876).
ㄴ. 전라도 고부 군수 조병갑의 횡포에 견디다 못한 농민들은 동학교도인 전봉준을 중심으로 동학농민운동을 일으켰다. 이후 황토현 전투에서 승리하고 전주성을 점령하여 전라도 일대를 장악하였다(1894).
ㄹ. 아관파천 이후 환궁한 고종은 연호를 광무로 고친 후 황제로 즉위하여 대한제국 수립을 선포하였다(1897).

36 3 · 1 운동 이후 일제는 조선에 대한 통치 방식을 기존의 무단 통치에서 문화 통치로 바꾸었다.
① 3 · 1 운동은 고종의 인산일에 전개되었다. 순종의 인산일에 6 · 10 만세 운동이 발생하였다(1926).
③ 한국인 학생과 일본인 학생의 충돌이 원인이 되어 광주학생항일운동이 발생하였다(1929).
④ 3 · 1 운동은 서울에서 시작하여 전국 각지로 확산되었다.

정답 35 ③　36 ②

37 모스크바 3상 회의는 1945년 12월에 미국, 영국, 소련의 외상들이 모여 한국 문제를 비롯해 제2차 세계대전의 내용을 협의한 회의이다. 이 회의에서 한국은 임시정부를 수립하고 미·영·중·소에 의해 최대 5년 간 신탁통치를 받는다고 결정되었다.
ㄴ. 미국, 영국, 소련의 외상들이 모여 협의하였다.
ㄹ. 한국의 임시정부 수립을 논의하였다.

37 다음 중 모스크바 3상 회의에 대한 설명으로 옳은 것은?

> ㄱ. 신탁통치는 최대 5년으로 한다.
> ㄴ. 미국과 소련의 2개국만이 협의하였다.
> ㄷ. 한국의 임시정부 수립에 대한 논의를 진행하였다.
> ㄹ. 한국의 임시정부 수립에 대한 논의를 진행하지 않았다.

① ㄱ, ㄴ
② ㄱ, ㄷ
③ ㄴ, ㄷ
④ ㄴ, ㄹ

더 알아두기

모스크바 3상 회의 내용
• 한국을 독립국으로 만들기 위해 임시정부를 수립한다.
• 한국의 임시정부를 수립하기 위해 미·소 공동위원회를 구성한다.
• 한국의 완전한 독립을 위해 미국, 영국, 소련, 중국의 4개국이 최고 5년 간의 신탁통치에 합의한다.

38 해당 노래는 '굳세어라 금순아'로 흥남부두(흥남철수사건)와 1·4 후퇴는 모두 1950년 10월 25일 중국군의 참전 이후 발생한 사건이다.
① 낙동강 전선까지 밀렸던 국군은 1950년 9월 15일 인천상륙작전으로 반격에 나서기 시작했다.
② 중국군 개입 이후 서울이 함락되는 1·4 후퇴 이후 다시 서울을 재탈환한 이후 38도선 부근에서 교착 상태에 빠지자 1951년 6월부터 휴전 논의가 되기 시작했다.
③ 국군과 유엔군은 인천상륙작전 후 1950년 9월 28일 서울을 수복하고 10월 19일에 평양을 탈환하였으며 11월 25일에 압록강까지 최대로 진격하였다.

38 다음의 노래 가사의 직접적 배경이 되는 사건은 무엇인가?

> 눈보라가 휘날리는
> 바람 찬 흥남부두에
> 목을 놓아 불러 보았다 찾아를 보았다.
> 금순아 어데로 가고
> 길을 잃고 헤매였더냐
> 피눈물을 흘리면서 1·4 이후 나홀로 왔다

① 연합군이 인천상륙작전에 성공하였다.
② 유엔군, 북한군, 중국군이 휴전을 논의하기 시작했다.
③ 연합군이 평양을 탈환하였다.
④ 중국군이 참전하였다.

정답 37 ② 38 ④

39 다음 사건의 순서로 옳은 것은?

> ㄱ. 10월 유신
> ㄴ. 10 · 26 사건
> ㄷ. 6 · 3 한일협정 반대운동
> ㄹ. 제2공화국
> ㅁ. 7 · 4 남북공동성명

① ㄷ - ㄹ - ㅁ - ㄱ - ㄴ
② ㄹ - ㄷ - ㄱ - ㅁ - ㄴ
③ ㄷ - ㅁ - ㄹ - ㄱ - ㄴ
④ ㄹ - ㄷ - ㅁ - ㄱ - ㄴ

40 다음 내용에서 설명하는 사건과 관련된 것으로 옳은 것은?

> 22일 오후 3시쯤, 20일 밤의 주인공이었던 전옥주와 차명숙이 용달차를 타고 도청광장에 나타났다. 이들은 19일 밤 이후 꼬박 3일 밤새우며 방송을 하고 다니느라 목소리가 쉰듯 했고 매우 지쳐 보였다.

① 이 사건으로 인해 군사독재가 종식되었다.
② 민주화의 열망에도 불구하고 결국 유신체제로 복귀되었다.
③ 마산에서 시작된 시위가 전국으로 확산되자 이승만이 결국 하야하였다.
④ 이 내용을 기록한 기록물은 유네스코 세계기록유산으로 등재되었다.

---

39 ㄹ. 제2공화국 : 1960년 8월
　　ㄷ. 6 · 3 한일협정 반대운동 : 1964년 6월 3일
　　ㅁ. 7 · 4 남북공동성명 : 1972년 7월 4일
　　ㄱ. 10월 유신 : 1972년 10월
　　ㄴ. 10 · 26 사건 : 1979년 10월 26일

40 5 · 18 광주 민주화 운동은 12 · 12 사태로 권력을 잡은 신군부가 '서울의 봄' 이후 1980년 5월 17일에 계엄령을 확대한 후 5월 18일에 광주의 민주화 운동을 무력으로 진압하자 광주 시민들이 이에 저항한 운동이다. 이러한 5 · 18 민주화 운동 기록물은 2011년 유네스코 세계기록유산으로 등재되어 세계적으로도 인정을 받았다.
① 군사독재가 종식된 것은 1987년 6월 항쟁 이후 직선제 개헌을 하면서이다.
② 유신체제는 1979년 10 · 26 사건으로 박정희 대통령이 죽으면서 종식되었다.
③ 1960년 4 · 19 혁명이 일어나면서 이승만 대통령은 결국 하야하게 되었다.

정답 39 ④　40 ④

교육은 우리 자신의 무지를 점차 발견해 가는 과정이다.

− 윌 듀란트 −

제 1 편

<1 · 4단계 대비>
객관식 문제

교육이란 사람이 학교에서 배운 것을 잊어버린 후에 남은 것을 말한다.

– 알버트 아인슈타인 –

제 1 장 | 원시 고대 사회

□✓ 부분은 중요문제 Check로 활용해 보세요!

01 역사의 의미

01 역사에 대한 설명으로 옳지 <u>않은</u> 것은?

① '기록으로서의 역사'에는 역사가의 주관이 개입되면 안 된다.
② 역사를 통하여 현재를 살아가는 데 필요한 삶의 지혜와 교훈을 얻을 수 있다.
③ 사료와 역사적 진실이 반드시 일치하는 것은 아니므로 사료 비판이 필요하다.
④ '사실로서의 역사'란 과거에 존재했던 모든 사실과 사건을 의미한다.

01 기록으로서의 역사는 과거의 사실을 토대로 역사가가 이를 조사하고 연구하여 주관적으로 재구성한 것이므로 이 과정에서 역사가의 가치관과 같은 주관적 요소가 개입하게 된다.

02 다음 내용에서 밑줄 친 부분에 대한 사례로 적합한 것을 〈보기〉에서 모두 고르면?

> 모든 민족의 역사에는 보편성과 특수성이 존재한다. 한국사의 전개 과정에서도 세계사적 보편성과 <u>한국사의 특수성</u>을 지니고 있다. 따라서 한국사를 바르게 이해하기 위해서는 한국사에 내재하는 세계사적 보편성과 우리 민족사의 특수성을 균형 있게 파악해야 한다.

┌─ 보기 ─
㉠ 고려인의 멋이 깃든 상감청자
㉡ 불교에 나타난 자비와 평등사상
㉢ 공동체 조직으로서의 두레, 계, 향도
㉣ 아시아의 북방 문화와 연계된 선사 문화
└

① ㉠, ㉡   ② ㉠, ㉢
③ ㉡, ㉢   ④ ㉡, ㉣

02 인간은 자신이 터를 잡고 살아가는 지역의 자연환경에 따라 고유한 언어, 풍속, 종교, 예술, 그리고 사회 제도 등을 다양하게 창출하게 되는데 이를 그 민족의 특수성이라 한다. 상감청자, 두레, 계, 향도 등은 우리 민족에게만 나타나는 한국사의 특수성이라 할 수 있다.

정답 01 ① 02 ②

02 원시 사회와 고조선

01 청동기시대에는 경제가 더욱 발달하는데 돌이나 나무로 만든 농기구 등으로 땅을 개간하여 곡식을 심고 가을에 반달돌칼로 추수하면서 농경은 크게 발전하게 된다.

01 우리나라 구석기시대의 생활에 대한 설명으로 옳지 <u>않은</u> 것은?

① 동굴, 바위 그늘에서 살거나 강가에 막집을 짓고 살았다.

② 동물의 뼈로 만든 뼈 도구와 뗀석기를 도구로 사용하였다.

③ 유적으로는 상원의 검은모루, 공주 석장리 등이 있다.

④ 반달돌칼로 이삭을 추수하는 등 농경을 발전시켰다.

02 고인돌과 돌널무덤은 청동기시대의 대표적 무덤 양식이다.

02 우리나라 구석기시대 문화에 대한 설명으로 옳지 <u>않은</u> 것은?

① 우리나라와 그 주변 지역에 사람이 살기 시작한 것은 약 70 만 년 전부터이다.

② 처음에는 찍개 같은 도구를 가지고 여러 가지 용도로 사용하였으나 점차 뗀석기를 제작하는 기술이 발달하면서 용도가 뚜렷한 작은 석기들을 만들었다.

③ 주먹도끼, 찍개, 팔매돌 등은 사냥도구이고 긁개, 밀개 등은 대표적인 조리 도구이다.

④ 죽은 자를 위하여 무덤인 고인돌을 만들었다.

정답 01 ④ 02 ④

□□
03 다음 유물이 만들어진 시대의 사회상으로 옳은 것은?

① 무리를 이루어 큰 사냥감을 찾아 이동 생활을 하였다.
② 무덤은 일반적으로 고인돌이 사용되었다.
③ 자연 현상이나 자연물에도 정령이 있다고 믿었다.
④ 반량전, 오수전 등의 중국 화폐가 사용되었다.

03 가락바퀴와 빗살무늬 토기를 통해 신석기시대를 파악할 수 있다. 신석기시대에는 농사에 큰 영향을 끼치는 자연 현상이나 자연물에도 정령이 있다고 믿는 애니미즘이 존재하였다.
① 구석기시대에는 이동 생활을 하였다.
② 청동기시대에는 군장이 죽으면 고인돌을 만들어 장례를 치렀는데, 이는 당시 지배층의 정치권력과 경제력을 반영하였다 할 수 있다.
④ 중국 춘추전국시대의 중국 청동화폐인 명도전과 오수전, 반량전 등은 철기시대의 당시 한반도가 중국과 활발한 교역을 하였음을 증명한다.

□□
04 청동기시대의 문화에 대한 설명으로 가장 적절하지 않은 것은?

① 생산경제가 이전보다 발달하여 사유재산제도와 계급이 나타나게 되었다.
② 수공업 생산과 관련된 가락바퀴가 처음으로 사용되었다.
③ 고인돌, 돌널무덤, 돌무지무덤 등이 나타나게 되었다.
④ 이 시기의 전형적인 유물로는 미송리식 토기, 민무늬 토기 등의 토기가 있다.

04 가락바퀴는 신석기시대에 실을 뽑는데 사용된 도구로서 원시적인 수공업을 발전시켜 의복이나 그물을 제작하여 사용했음을 알 수 있다.

정답 03 ③ 04 ②

05 철제 문화를 바탕으로 영토를 확장한 위만조선은 지리적 이점을 이용하여, 동방의 예, 남방의 진과 중국의 한 사이의 직접교역을 차단하는 등 중계 무역으로 경제적 이득을 독점하게 되었다.
① 삼국사기가 아닌 삼국유사에 따르면 단군왕검이 고조선을 건국하였다.
② 고조선은 요령 지방을 중심으로 한반도까지 발전하였다.
④ 고조선에 침략을 감행한 왕은 한나라의 문제가 아니라 무제였다.

05 고조선에 대한 설명으로 옳은 것은?

① 고조선 건국 신화인 단군이야기는 삼국사기에 수록되어 전해진다.
② 고조선은 한반도를 중심으로 성장하여 점차 세력을 확대하면서 요령 지방까지 발전하였다.
③ 위만조선은 발전된 철기문화를 적극 수용하여 경제적 기반을 확대하였다.
④ 고조선의 경제적, 군사적 발전에 불안을 느낀 한문제는 대규모의 침략을 감행하였다.

06 (가)에 들어갈 인물은 위만이다. 위만조선은 철기문화를 본격적으로 수용하였고, 사회와 경제의 발전을 기반으로 중앙 정치 조직을 갖춘 강력한 국가로 성장하였다.
삼한에는 신성 지역인 소도가 존재하였는데, 군장세력이 미치지 못하는 지역으로 제사장인 천군이 따로 지배하였다.

06 (가) 왕조 때의 상황으로 가장 옳지 <u>않은</u> 것은?

> [(가)]은(는) 고조선에 들어올 때 상투를 틀고 조선인의 옷을 입었다. 왕이 된 뒤에도 나라 이름을 그대로 조선이라 하였고, 그의 정권에는 토착민 출신으로 높은 지위에 오른 자가 많았다.

① 상·장군·대신 등으로 관직이 분화되어 있었다.
② 중계무역의 이득을 독점하여 중국 왕조와 대립하였다.
③ 철기문화가 본격적으로 수용되어 철제 무기와 농기구가 제작되었다.
④ 군장의 영향력이 미치지 못하는 소도가 있었다.

정답 05 ③ 06 ④

07 고조선의 사회와 문화에 대한 설명으로 옳은 것은?

① 고조선 시대의 사회는 계급분화가 이루어지지 못했다.

② 위만 왕조의 고조선은 철기문화를 본격적으로 수용해 상업과 무역도 발달하게 되었다.

③ 고조선의 사회상은 현재까지 전해지는 8개의 법조문으로 파악이 가능하다.

④ 고조선은 중계무역을 통해 중국의 한과 우호관계를 유지하려 했다.

07 준왕을 몰아내고 왕이 된 위만조선은 철기를 본격 수용하고, 중계무역으로 이득을 취했다.
① 8조법을 통하여 당시 사회가 농업 · 사유재산 · 계급 · 화폐 사회 등을 추측할 수 있다.
③ 고조선은 8조법을 두어 질서를 유지하였으며 그 중 3개조의 내용만 전해져 당시 사회를 파악할 수 있다.
④ 고조선은 중계무역으로 인하여 경제적 · 군사적으로 한과 대립하게 되었다.

08 밑줄 친 '이 나라'에 대한 설명으로 옳은 것은?

> 이 나라에는 왕이 있고 모두 가축의 이름으로 관명을 지은 마가, 우가, 저가, 구가 등이 있었다. 이들 가(加)는 저마다 따로 행정 구획인 사출도를 다스리고 있어서 왕이 직접 통치하는 중앙과 합쳐 5부를 이루었다.

① 영고라는 제천행사가 있었다.

② 부여족의 한 갈래로 서옥제의 풍습이 있었다.

③ 소도에 농경과 종교에 대한 의례를 주관하는 천군이 있었다.

④ 특산물로 단궁, 과하마, 반어피 등이 유명하였다.

08 부여는 왕 아래에 가축의 이름을 딴 마가, 우가, 저가, 구가를 두었고, 각 가들은 저마다의 행정 구획인 사출도를 다스리고 있었다. 또한, 수렵사회의 전통을 보여주는 영고라는 제천행사를 12월에 지냈다.
② 고구려
③ 삼한
④ 동예

정답 07 ② 08 ①

09 (가) 동예, (나) 옥저
(나) 옥저는 가족공동묘(골장제, 세골장)의 장례 풍속과 민며느리제(예부제)가 있었다.
① 부여는 매년 12월에 수렵사회의 전통을 보여주는 영고라는 제천행사를 열었다.
③ (가) 동예와 (나) 옥저는 각각의 읍락에서 읍군이나 삼로 등의 군장이 지배하였던 군장국가였다.
④ (가) 동예는 10월에 무천이라는 제천행사를 열었으나 (나) 옥저에는 제천행사가 없었다.

□□
09 다음 자료의 (가), (나) 국가에 대한 설명으로 옳은 것은?

> (가) 산천을 중요시하여 산과 내마다 구분이 있어 함부로 들어가지 않으며, 이를 어기면 우마로 배상하였다.
> (나) 가족이 죽으면 시체를 가매장하였다가 나중에 그 뼈를 추려서 가족 공동 무덤인 커다란 목곽에 안치하였다.

① (가) - 12월에 영고라는 제천행사를 지냈다.
② (나) - 민며느리제라는 혼인 풍속이 있었다.
③ (가), (나) - 정치 체제는 연맹 왕국 단계였다.
④ (가), (나) - 수렵사회의 전통을 계승한 제천행사를 열었다.

10 삼한 사회에서는 해마다 씨를 뿌리고 난 5월 수릿날과 추수 시기인 10월에 계절제(상달제)를 열어 하늘에 제사를 지냈다. 삼한은 대족장인 신지·견지, 소족장인 읍차·부례 등의 지배자가 지배하였다.
① 동예는 족외혼을 엄격하게 지켰다.
② 고구려는 서옥제라는 혼인 풍속이 있었는데, 남녀가 혼인하면 신부집 뒤꼍에 서옥이라는 집을 짓고 살다가, 자식을 낳아 장성하면 신부를 데리고 자기 집으로 갔다.
③ 부여는 12월에 영고라는 제천행사를 거행하였다.

□□
10 다음과 같은 생활 풍습이 있는 초기 국가에 대한 설명으로 옳은 것은?

> 해마다 씨를 뿌리고 난 뒤인 5월과 곡식을 거두어들인 10월에 귀신에게 제사를 지냈다. 이때 사람들이 모여 춤을 추고 노래를 부르고 술을 마시면서 밤낮으로 즐겼다.

① 족외혼을 엄격하게 지켰다.
② 서옥제라는 혼인 풍습이 있었다.
③ 영고라는 제천행사를 거행하였다.
④ 신지, 읍차라고 불리는 지배자가 존재하였다.

정답 09 ② 10 ④

03 삼국의 항쟁

☐☐
01 지도와 같은 형세를 이루었던 시기의 (가) 국가에 대한 설명으로 맞는 것은?

① 16좌평 16관등의 관제를 정비하고, 율령을 반포하였다.
② 마한을 완전 정복하고, 요서 · 산둥 · 규슈 지방으로 진출하였다.
③ 지방에 22담로를 설치하고 왕족을 파견하였다.
④ 수도를 사비성으로 옮기고 국호를 남부여로 고쳤다.

☐☐
02 다음 중 신라 왕호와 그 역사적 의미가 시대순으로 바르게 연결된 것은?

> ㉠ 거서간 · 차차웅 – 정치적 군장과 제사장의 기능 분리
> ㉡ 이사금 – 연장자의 의미로, 박 · 석 · 김 3부족이 연맹하여 교대로 왕을 선출
> ㉢ 마립간 – 김씨가 왕위 계승권을 독점하면서 왕권 강화
> ㉣ 왕 – 지증왕이 처음 사용하였고, 중국식 정치 제도를 받아들이기 시작

① ㉠ – ㉡ – ㉢ – ㉣
② ㉡ – ㉠ – ㉢ – ㉣
③ ㉢ – ㉠ – ㉡ – ㉣
④ ㉣ – ㉠ – ㉡ – ㉢

---

01 지도는 4세기 중엽 백제 근초고왕 때이다. 근초고왕은 마한을 완전 정복하고(369), 요서 · 산둥 · 규슈 지방에 진출하였고, 왜의 왕에게 칠지도를 하사하였다. 또한, 평양성을 공격하여 고구려의 고국원왕을 전사시켰고(371), 왕위를 부자 상속하였으며 서기를 편찬하였다(고흥).
① 3세기 고이왕
③ 6세기 무령왕
④ 6세기 성왕

02 ㉠ 거서간은 군장, 차차웅은 무당(제사장)을 뜻하는 것이므로 제정분리로 이해할 수 있다. 신라 거서간의 칭호는 제1대 시조인 박혁거세만 사용하였다.
㉡ 이사금은 연장자라는 뜻으로 3대 유리이사금부터 16대 흘해이사금까지로 박 · 석 · 김이 교대로 왕위를 계승했다.
㉢ 마립간은 4세기 17대 내물마립간 때부터 사용했고 대군장이라는 뜻이며 이후 김씨가 왕위를 독점하였다.
㉣ 6세기 지증왕 때 처음 왕이라는 호칭을 사용하였다.

정답 01 ② 02 ①

03 지도는 5세기 장수왕의 남진으로 인
해 백제의 웅진 천도를 나타낸 것이
다. 백제는 고구려 장수왕의 한강 유
역 진출로 개로왕이 전사하여 한성
에서 웅진으로 천도하였다.
① 신라 진흥왕의 배신으로 백제는
신라를 공격하였으나 패하였고,
관산성 전투에서 백제의 성왕은
전사하였다(554).
② 신라 진흥왕은 한강 하류를 장악
하고 북한산비를 세웠다.
③ 백제는 4세기 중반 근초고왕 때
에 크게 발전하여 마한 세력을 완
전히 정복하였다(369).

☐☐
03 백제가 그림과 같이 수도를 이전하게 된 배경으로 옳은 것은?

① 성왕이 관산성을 공격하다가 전사하였다.
② 진흥왕이 한강 유역에 진출하여 순수비를 세웠다.
③ 근초고왕이 마한을 통합하고 남해안까지 진출하였다.
④ 장수왕이 평양으로 천도하고 남하 정책을 추진하였다.

04 제시된 자료는 5세기 후반의 상황으
로 고구려의 남진 정책에 대항하여
나제 동맹이 강화된 사실을 나타낸
다. 고구려는 427년 평양으로 도읍
을 옮기고 한강 유역으로 진출하였
다. 이러한 사실은 중원 고구려비에
잘 나타나 있다.
② 화랑도는 6세기 중엽 진흥왕 때
국가적인 조직으로 개편되었다.
③ 6세기 때 진흥왕에 대항한 백제
의 성왕은 관산성 전투에서 전사
하게 되었다(554).
④ 백제 성왕은 대외 진출이 수월한
사비(부여)로 천도하고 국호를
남부여로 개칭하였다(538).

☐☐
04 자료에 나타난 삼국 항쟁의 배경을 알아보기 위한 탐구 활동으
로 적절한 것은?

- 소지마립간 15년 3월에 백제왕 모대(동성왕)가 사신을 보
내 혼인을 청하니 왕은 이벌찬 비지의 딸을 보냈다.
- 소지마립간 16년 7월에 고구려군이 견아성을 포위하였는
데, 백제왕 모대가 군사를 보내 고구려군의 포위를 풀게
하였다.
- 소지마립간 17년 8월에 고구려가 백제 치양성을 포위하였
다. 백제가 구원을 청하자, 왕이 장군 덕지를 보내 구원하
게 하니, 고구려 군대가 무너져 달아났다.

① 중원 고구려비가 건립된 상황을 알아본다.
② 신라가 인재 양성을 위해 개편한 조직을 알아본다.
③ 관산성 전투에서 전사한 백제왕을 조사한다.
④ 백제가 웅진을 떠나 천도한 지역을 찾아본다.

정답 03 ④ 04 ①

05 다음 내용과 관련 있는 왕의 정책으로 옳은 것은?

> • 처음으로 소를 이용한 밭갈이가 시작되었다.
> • 국호를 한자식 표현인 '신라'로 바꾸었다.

① 화랑도를 국가적인 조직으로 개편하였다.
② 왕호를 이사금에서 마립간으로 바꾸었다.
③ '건원'이란 연호를 사용하였다.
④ 우산국을 복속시켜 영토로 편입하였다.

06 밑줄 친 '왕'의 업적에 대한 설명으로 옳은 것은?

> • 왕 7년에 율령을 반포하고, 처음으로 백관의 공복을 제정하였다.
> • 왕 19년에 금관국의 왕인 김구해가 왕비와 세 아들을 데리고 와 항복하였다.

① 이차돈의 순교를 계기로 불교를 공인하였다.
② 이사부를 시켜 우산국을 정복하였다.
③ 유학 교육을 위해 국학을 설립하였다.
④ 고령의 대가야를 정복하여 낙동강 유역을 확보하였다.

---

05 6세기 신라 지증왕은 국호를 신라로 바꾸고, 왕의 칭호도 마립간에서 왕으로 고쳤으며 노동력의 확보를 위하여 순장을 금지하였다(502). 또한, 우경을 실시하였으며, 이사부를 보내 우산국(울릉도)을 복속(512)시켜 세력을 확장하였다.
① 6세기 신라 진흥왕
② 4세기 신라 내물마립간
③ 6세기 신라 법흥왕

06 법흥왕은 병부의 설치, 율령의 반포, 17관등 및 공복을 제정하는 등의 통치 질서를 확립하였다. 또한, 사상적으로 불교를 공인하여 새로이 성장하는 세력들을 포섭하고자 하였고, 건원이라는 연호를 사용함으로써 국가의 위신을 높였다.
대외적으로는 김해의 금관가야를 정복하여 영토를 확장하였고, 중앙 집권 국가의 체제를 완비하게 된다.
② 6세기 신라 지증왕은 이사부를 보내 우산국(울릉도)을 복속시켜 세력을 확장하였다(512).
③ 7세기 통일신라 신문왕은 국학을 설치하여 유교 이념을 확립하려 하였다(682).
④ 6세기 신라 진흥왕은 이사부를 시켜 고령의 대가야를 정복하였다(562).

정답 05 ④   06 ①

07 가야 초기에는 돌무지덧널무덤이 아
닌 돌널무덤이 발달하였고, 후기에 들
어서면서는 돌방무덤이 유행하였다.

□□
07 **가야의 여러 나라에 대한 설명으로 옳지 않은 것은?**

① 가야의 여러 나라들은 주로 낙동강 하류 및 그 지류인 남강
   주변에 위치하여 수상교통을 활발히 이용하였다.
② 풍부한 철 생산과 해상교통을 이용하여 낙랑과 왜의 규슈 지
   방을 연결하는 중계무역이 발달하였다.
③ 전기 가야연맹시대에는 신라와 거의 비슷한 돌무지덧널무덤
   이 유행하였다.
④ 6세기 초에 고령의 대가야는 백제, 신라와 대등하게 세력을
   다투게 되었고, 신라와 결혼동맹을 맺기도 하였다.

08 지도의 비석은 진흥왕 순수비이다.
한강 유역 장악(한강 상류 – 단양적
성비, 하류 – 북한산 순수비), 대가야
정복(창녕비), 함경도 지역으로 진출
(황초령비, 마운령비)을 비석으로 표
현하였다.
신라는 한강 유역을 차지하면서 삼
국 경쟁의 주도권을 장악하였으며
당항성을 통해 중국과 직접 교류할
수 있었다.

□□
08 **삼국시대의 비석 중 지도에 표시된 비석이 세워진 이후의 사
실은?**

① 백제의 웅진 천도
② 고구려의 가야 공격
③ 나제 동맹의 성립
④ 신라와 수・당 간의 교류 확대

09 고구려에서 일어난 사건을 시기순으로 바르게 나열한 것은?

> ㉠ 불교를 수용하고 율령을 반포하였다.
> ㉡ 고국원왕이 평양성 전투에서 전사하였다.
> ㉢ 을파소를 등용하여 진대법을 실시하였다.
> ㉣ 평양으로 천도하였고, 한성을 공격하여 함락시켰다.

① ㉡ - ㉢ - ㉠ - ㉣
② ㉡ - ㉢ - ㉣ - ㉠
③ ㉢ - ㉡ - ㉠ - ㉣
④ ㉢ - ㉡ - ㉣ - ㉠

10 다음은 삼국시대의 역사적인 사실을 나열한 것이다. 시대순으로 가장 적절하게 나열한 것은?

> ㉠ 을파소를 국상으로 채용하여 진대법을 실시하였다.
> ㉡ 백제는 불교를 수용하여 새로운 통치이념을 정비하였다.
> ㉢ 고구려는 태학을 설립하고 율령을 반포하였다.
> ㉣ 거칠부가 『국사』를 편찬하였다.

① ㉡ - ㉢ - ㉠ - ㉣
② ㉠ - ㉣ - ㉡ - ㉢
③ ㉠ - ㉢ - ㉡ - ㉣
④ ㉡ - ㉠ - ㉣ - ㉢

09 ㉢ 고국천왕은 을파소를 국상으로 기용하여 진대법을 실시하였다(194).
㉡ 고국원왕은 백제 근초고왕을 맞아 평양성에서 싸우다가 전사하였다(371).
㉠ 소수림왕 때 전진의 승려 순도를 통하여 불교를 공인하여 사상을 통합하였다(372).
㉣ 장수왕은 남진정책을 추진하여 백제의 개로왕을 전사시켜 수도 한성을 함락시키고 세력을 넓혔다(475).

10 ㉠ 고구려 고국천왕의 진대법 시행(194)
㉢ 고구려 소수림왕의 태학 설립(372)과 율령 반포(373)
㉡ 백제 침류왕의 불교 수용(384)
㉣ 신라 진흥왕의 『국사』 편찬(545)

정답 09 ③ 10 ③

11 자료의 (가)는 원시 사회의 청소년
집단에서 기원한 화랑도이다. 화랑
도는 귀족 자제 중에서 선발된 화랑
을 지도자로 삼고, 귀족은 물론 평민
까지의 많은 낭도가 그를 따랐다.
여러 계층이 같은 조직 속에서 일체
감을 가지고 활동함으로써 계급 간
의 대립과 갈등을 조절, 완화하는 기
능도 하였다. 반면 화백회의는 국왕
과 귀족 간의 권력을 조절하는 기능을
담당하였다.

□□
11 (가)에 대한 설명으로 옳지 <u>않은</u> 것은?

> 진흥왕 때에 처음으로 (가)을(를) 두었다. … (중략) … 무리
> 가 구름처럼 모여들어 명산과 대천을 돌아다니며 멀리 가
> 보지 아니한 곳이 없었다. 이를 통해 인품을 알게 되어 그
> 가운데 착한 자를 조정에 추천하였다.

① 원시 사회의 청소년 집단에서 기원하였다.
② 국왕과 귀족 간의 권력을 조절하는 기능을 담당하였다.
③ 삼국 통일에 이바지한 많은 인물이 배출되었다.
④ 청소년들에게 행동의 규범을 제시하는 역할을 하였다.

12 (가) 계단식 돌무지무덤. 고구려의 장
군총은 대표적인 고구려 초기의 돌무
지무덤으로 돌을 계단식으로 정밀하
게 7층까지 쌓아 올린 형태의 돌무지
무덤은 만주 길림(지안) 일대에 1만
2,000여 기가 무리를 이루고 있다.
(나) 벽돌무덤. 백제의 무령왕릉은
널방을 벽돌로 쌓은 벽돌무덤으로,
이곳에서 무령왕(6C)과 왕비의 무덤
을 알리는 지석이 발견되어 당시 백
제가 중국 남조와 교류했음을 알 수
있다.

□□
12 다음 내용에서 (가), (나) 고분 양식에 대한 설명으로 옳은 것은?

> 한강 유역에 있던 초기 한성시기에 (가) <u>계단식 돌무지무덤</u>
> 을 만들었는데, 서울 석촌동에 일부가 남아 있다. 웅진 시기
> 의 고분은 굴식돌방무덤 또는 널방을 벽돌로 쌓은 (나) <u>벽돌</u>
> <u>무덤</u>으로 바뀌었다. 벽돌무덤은 중국 남조의 영향을 받은 것
> 이다. 사비 시기에는 규모는 작지만 세련된 굴식돌방무덤을
> 만들었다.

① (가) – 도굴이 어려워 많은 껴묻거리가 발굴되었다.
② (가) – 봉토 주위를 둘레돌로 두르고 12지 신상을 조각하
였다.
③ (나) – 벽과 천장에 사신도 등을 그렸다.
④ (나) – 무덤의 천장을 모줄임 구조로 만들었다.

정답 11 ② 12 ③

제 **2** 장 │ 중세 사회

01 통일신라와 발해

01 통일신라의 지방 행정 조직에 대한 설명으로 옳지 <u>않은</u> 것은?

① 신문왕 대에 9주 5소경 체제로 정비하였다.

② 주에는 지방 감찰관으로 보이는 외사정이 배치되었다.

③ 5소경을 전략적 요충지에 두고, 도독이 행정을 관할토록 하였다.

④ 촌주가 관할하는 촌 이외에, 향·부곡이라는 행정 구역도 있었다.

02 발해 무왕 대에 있었던 일로 옳지 <u>않은</u> 것은?

① 전성기를 맞아 해동성국이라고 불리었다.

② 장문휴를 보내어 산둥 지방을 공격하였다.

③ 돌궐, 일본 등과 연결하면서 당, 신라를 견제하였다.

④ 동북방의 여러 세력을 복속하고 북만주 일대를 장악하였다.

03 다음 중 발해에 대한 설명으로 옳지 <u>않은</u> 것은?

① 대조영은 길림성의 돈화시 동모산 기슭에서 발해를 건국하였다.

② 선왕 때는 대부분의 말갈족을 복속시키고 요동 지역으로 진출하였다.

③ 문왕 때는 수도를 상경에서 중경으로 옮겼다.

④ 무왕 때는 장문휴가 이끄는 수군이 당의 산둥 지방을 공격하였다.

---

01 통일신라는 지방을 9주 5소경 체제로 정비하여 중앙 집권화를 강화하였는데, 9주는 장관인 군주가 지배하였고, 군사적인 기능보다 행정적 기능을 강화하였다.
군사·행정상의 요지에는 5소경을 설치하여, 수도 금성(경주)이 지역적으로 치우친 것 보완하고, 지방의 균형 있는 발전을 도모하였다. 즉, 9주는 장관인 군주(총관, 도독)가 지배하였고, 5소경은 사신이 관할하였다.

02 발해의 전성기인 선왕 때 중국으로부터 해동성국이라 칭송받았다.
②·③·④ 발해 무왕은 동북방의 여러 세력을 복속하여 북만주 일대를 장악하였고 돌궐, 일본 등과 연결하면서 당, 신라를 견제하였으며, 장문휴의 수군을 보내 당의 요서·산둥 지방을 공격하였다.

03 문왕 때 상경에서 중경으로 천도한 것이 아니라, 중경에서 상경으로 천도하였다(757).
② 선왕 때는 대부분의 말갈족을 복속시키고 요동으로 진출하였고, 독자적 연호(건흥)를 사용하고 5경 15부 62주를 정비하는 등 중국으로부터 해동성국이라고 불리었다.

정답 01 ③ 02 ① 03 ③

04
ⓒ 발해는 당의 3성 6부 제도를 모방하였으나, 명칭과 구성은 독자적으로 편성하여 운영하였다
ⓔ 발해는 정당성 아래에 당에는 없는 좌사정과 우사정으로 나뉜 2원적 구조를 만들어 그 아래에 6부를 두고 있다. 따라서 발해만의 독자적인 모습이라 할 수 있다.
ⓖ 발해와 당은 각각의 감찰기구인 중정대와 어사대를 두고 있다. 그러므로 발해만의 독자적 운영이 아니다.
ⓒ 발해와 당나라 모두에게 있는 제도이므로 독자성으로 볼 수 없다.

□□
04 다음은 발해의 정치조직을 나타낸 것이다. 발해의 독자성을 뒷받침할 수 있는 근거를 〈보기〉에서 모두 고른 것은?

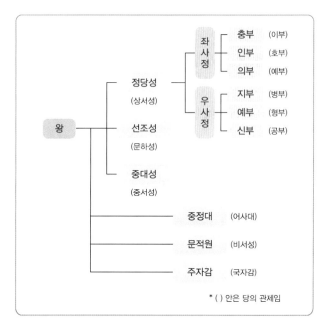

* ( ) 안은 당의 관제임

┌ 보기 ┐
ⓖ 관리를 감찰하는 기구를 두었다.
ⓒ 중앙 관제의 명칭을 당과 달리하였다.
ⓒ 중앙 관제를 3성 중심으로 편성하였다.
ⓔ 좌사정과 우사정이 3부씩 각각 나누어 관할하였다.

① ⓖ, ⓒ
② ⓖ, ⓒ
③ ⓒ, ⓒ
④ ⓒ, ⓔ

정답 04 ④

☐☐
05 다음 중 신라 말의 사회 · 경제적 상황으로 가장 적절한 것은?

① 당나라와 계속되는 전쟁으로 인하여 국가의 재정이 악화되었다.
② 친원세력인 권문세족이 중앙에 진출하여 권력을 장악하였다.
③ 성주 또는 장군이라 칭한 이들이 지방 행정을 장악하고 조세를 징수하였다.
④ 관료에게 관료전을 주고 녹읍을 폐지하여 왕권을 강화하려 하였다.

☐☐
06 통일신라시대 민정문서에 대한 설명으로 옳지 <u>않은</u> 것은?

① 인구는 역에 동원되는 남자 장정의 숫자만 파악하였다.
② 토지에는 연수유전답, 촌주위답, 내시령답이 포함되어 있다.
③ 촌락의 내부 변동사항을 조사하여 3년마다 문서를 다시 작성하였다.
④ 호는 상상호에서 하하호까지 9등급으로 구분하였다.

☐☐
07 남북국시대에 대한 설명으로 옳지 <u>않은</u> 것은?

① 신라는 백제와 고구려 옛 지배층에게 관등을 주어 포용하였다.
② 신라의 6두품 출신들은 학문과 실무 능력을 바탕으로 정치적 진출을 활발하게 하였다.
③ 발해의 주민 중 다수는 말갈인이었는데 이들은 관리가 될 수 없었다.
④ 발해는 당의 제도와 문화를 받아들였으나 고구려와 말갈의 전통을 유지하였다.

05 신라 말 중앙 정부는 통제력을 상실하였으며, 지방에서는 호족이라는 새로운 세력이 성장하였다. 골품제를 비판하던 6두품은 반신라 세력으로 성장하게 되었고, 호족 세력과 6두품 세력은 실천적 성향의 선종 사상으로 결탁하여 중앙 정부에 대항하였다.
① 나당 전쟁은 신라 중대인 670년부터 676년까지 전개되었다.
② 고려시대 원간섭기에 친원세력인 권문세족이 등장하였다.
④ 통일신라 신문왕은 왕권을 강화하기 위하여 문무 관리에게 관료전을 지급하였고(687), 녹읍을 폐지하였다(689).

06 신라 민정문서는 1933년 일본 도다이사(東大寺) 쇼소인(正倉院)에서 발견된 통일신라 당시 서원경(청주)의 4개 촌의 장적(帳籍) 문서로, 당시 촌락의 경제 상황과 국가의 세무 행정을 알 수 있는 자료이다.
민정문서는 연령, 성별에 따라 모두 6등급(평민, 노비, 어린이, 노인 포함)으로 조사하였다.
④ 호(가구)는 사람이 많고 적음에 따라 상상호(上上戶)에서 하하호(下下戶)까지 9등급으로 구분하였다.

07 발해는 소수의 고구려 유민이 지배층이 되어 다수의 말갈족을 오랜 기간 지배하였다. 발해의 제일 말단 단위였던 촌은 촌장이 다스렸는데, 주로 말갈족으로 구성하여 분란의 소지를 일축하였다.

정답 05 ③ 06 ① 07 ③

08 의상은 모든 존재가 상호 의존적인 관계(一卽多 多卽一)가 있으면서 서로 조화를 이루고 있다는 화엄 사상을 정립하였고, 화엄일승법계도를 남겼으며, 화엄사상을 바탕으로 교단을 형성하였고, 부석사 등 많은 사원을 건립하였다. 또한, 의상은 아미타 신앙과 함께 현세에서 고난을 구제받고자하는 관음 신앙을 설파하여 불교를 일반인에게 널리 알렸다.
① · ③ 원효
② 혜초

08 밑줄 친 '그'의 저술로 옳은 것은?

> 그는 당나라에 유학하여 지엄의 문하에서 수학하고 돌아와 영주에 부석사를 창건하고 문무왕의 정치적 자문도 맡았다. 그는 모든 우주만물이 대립적인 존재가 아니라 서로 조화하고 포용하는 관계를 가졌다고 주장해 유명한 '일즉다 다즉일(一卽多 多卽一)'이라는 독특한 논리를 폈다. 즉 하나가 전체요 전체가 하나라는 것이다.

① 십문화쟁론 ② 왕오천축국전
③ 대승기론소 ④ 화엄일승법계도

09 정혜공주 묘와 주작대로로 보아 이 나라는 발해이다. 발해에는 이불병좌상이 있었다.
② 고구려의 연가 7년명 금동여래입상
③ 백제 무령왕릉에서 출토된 왕의 장식
④ 삼국의 금동 미륵보살 반가사유상

09 다음 내용과 관련 있는 나라의 문화유산으로 옳은 것은?

> • 도읍지를 중심으로 많은 무덤이 남아 있는데, 이 중에서 정혜공주 묘는 굴식돌방무덤으로 고구려 고분과 닮았다.
> • 상경은 당시 당의 수도인 장안을 본떠 건설하였는데, 외성을 쌓고 남북으로 넓은 주작대로를 내고, 그 안에 궁궐과 사원을 세웠다.

①

②

③

④

정답 08 ④ 09 ①

02 고려 사회의 성립과 발전

01 밑줄 친 '이것'의 내용으로 옳지 <u>않은</u> 것은?

> 짐은 평범한 가문 출신으로 분에 넘치게 사람들의 추대를 받아 왕위에 올랐다. 재위 19년 만에 삼한을 통일하였고, 이제 왕위에 오른 지도 25년이 되었다. 몸이 이미 늙어지니, 후손들이 사사로운 인정과 욕심을 함부로 부려 나라의 기강을 어지럽게 할까 크게 걱정이 된다. 이에 <u>이것</u>을 지어 후대의 왕들에게 전하고자하니, 바라건대 아침저녁으로 펼쳐 보아 영원토록 귀감으로 삼을지어다.

① 연등회와 팔관회의 행사를 축소할 것
② 풍수지리 사상을 존중하고 서경을 중시할 것
③ 간언을 따르고 참언을 멀리하여 신민의 지지를 얻을 것
④ 농민의 요역과 세금을 가볍게 하여 민심을 얻고 부국 안민을 이룰 것

01 고려 태조 왕건은 후대의 왕들에게 지켜야 할 정책 방향을 훈요 10조를 통하여 제시하였다.
고려 태조는 훈요 10조에서 연등회와 팔관회의 중요성을 역설하였으나, 성종은 최승로의 시무 28조를 받아들여 팔관회와 연등회를 폐지하였고, 현종 때에 다시 부활하였다.

02 다음 중 고려 성종이 실시한 정책으로 가장 적절한 것은?

① 3성 6부제를 중심으로 하는 중앙 관제를 마련하였다.
② 전국의 주요 지역에 12목을 설치하고 목사를 파견하였다.
③ 북쪽 국경 일대에 천리장성을 쌓아 외적의 침략에 대비하였다.
④ 최승로가 올린 시무 10조의 건의를 수용하여 통치 체제를 정비하였다.

02 성종은 최승로의 건의(시무 28조)를 채택하여 유교정치를 시행하고 12목을 설치하여 지방관인 목사를 파견하는 등 지방제도를 정비하였다.
① 3성 6부가 아닌 2성 6부 제도를 만들어 중국과는 다른 독자적인 운영을 하였다.
③ 고려는 거란의 침입 이후 북쪽 국경 일대인 압록강에서 도련포까지의 천리장성[덕종(1033) ~ 정종(1044)]을 쌓아 거란과 여진의 침략을 대비하였다.

정답 01 ① 02 ②

03 고려 광종은 노비안검법을 시행하여
호족 세력을 약화시켰고, 국가의 수
입 기반을 확대하였으며 왕실의 권위
를 높이기 위하여 황제의 칭호 및 광
덕·준풍과 같은 독자적인 연호도 사
용하였다. 또한, 개경을 황도, 서경을
서도로 칭하는 등 자주적 위상을 높였
다. 고려의 과거제도는 광종 때 쌍기
의 건의로 시행되었다(958).
① 공민왕은 신돈을 등용하여 전민변
정도감을 설치해 권문세족을 견제
하고 왕권을 강화하려 하였다.
② 고려 태조 왕건은 고구려의 옛 땅
을 찾고자 강력한 북진 정책을 추
진하여 서경을 중시하였다.
③ 고려 성종은 유학 교육의 진흥을 위
하여 국자감을 정비하였다(992).

03 밑줄 친 '왕'의 업적에 대한 설명으로 가장 옳은 것은?

> 왕은 여러 가지 과감한 조처를 통하여 왕권을 강화시켰다.
> 혁신 정치를 대체적으로 일단락 지은 즉위 11년에 칭제건원
> 하고, 개경을 황도, 서경을 서도라 칭한 것은 그와 같은 기반
> 위에서 취한 자부심의 한 표현이라 볼 수 있다.

① 승려인 신돈을 등용하여 전민변정도감을 설치하였다.
② 고구려의 옛 땅을 되찾기 위해 북진 정책을 추진하였다.
③ 유교 정치 이념을 채택하고 국자감을 정비하였다.
④ 쌍기의 건의를 받아들여 과거제도를 도입하였다.

04 고려는 성종 때에 당의 3성 6부 제도
를 수용하여 정비하였으나, 고려의
실정에 맞게 중앙 관제를 새로이 2성
6부 제도로 만들고, 도병마사와 식
목도감을 설치하는 등 독자적으로
운영하였다(982). 또한, 조선의 삼사
는 언론기관으로 서경·간쟁·봉박권
을 행사하였으며 왕이라도 함부로 막
을 수 없었지만, 고려의 삼사는 단순한
회계 기관이었다.

04 고려의 통치체제에 대한 설명으로 옳지 않은 것은?

① 최고의 관서인 중서문하성은 문하시중이 국정을 총괄하였
고, 2품 이상의 재신과 3품 이하의 낭사로 구성되었다.
② 상서성은 정책을 집행하는 기능을 담당하였고, 중추원의 승
선은 왕명을 출납하였으며, 추밀은 군사 기밀을 담당하였다.
③ 대간은 어사대의 관원과 중서문하성의 낭사를 말하며, 이들
은 간쟁·봉박·서경권을 가지고 있어 정국 운영에서 견제
와 균형을 도모하였다.
④ 삼사의 언론은 고관은 물론 왕이라도 함부로 막을 수 없었다.

정답 03 ④ 04 ④

05 지도는 고려시대의 지방 행정 구역을 나타낸 것이다. (가), (나) 지역에 대한 설명으로 옳지 <u>않은</u> 것은?

① (가) 지역은 고려 초 북진 정책의 전진기지 역할을 하였다.
② (가) 지역은 거란 침입 이후 강동 6주가 설치되기도 하였다.
③ (나)에는 외적 방어를 위해 진이 설치되어 있었다.
④ (나)에는 안찰사가 파견되어 도내의 지방을 순찰하였다.

06 고려시대 백성의 생활상으로 옳지 <u>않은</u> 것은?

① 부모의 유산은 일반적으로 자녀에게 골고루 분배되었다.
② 농민은 향도와 같은 공동체 조직을 결성하고 있었다.
③ 흉년이 되면 의창에서 곡식을 빌릴 수 있었다.
④ 향약에 의해 마을 질서를 자체적으로 유지하였다.

05 지도는 고려시대 행정구역을 나타낸 것으로 5도 양계이다. (가)는 양계 중의 하나인 북계이며 (나)는 5도의 하나인 전라도이다. 여기서 진은 양계 지역의 군사요충지에 설치하였다.
① 태조는 북진 정책의 전진기지로 서 서경을 중요시하였다.
② 서희는 담판으로 거란의 1차 침입을 막아내었고 강동 6주를 획득하였다.
④ 5도는 일반 행정 단위로 중앙에서 안찰사를 파견하였고, 도내의 지방을 순찰하였다.

06 향약은 전통적 미풍양속에 유교 윤리를 가미하여 교화와 질서 유지에 알맞도록 구성한 것으로, 조선 중종 때 조광조가 처음 시행한 이후 전국적으로 확산되었다.

정답 05 ③ 06 ④

07 공음전은 5품 이상의 관료가 되어야 받을 수 있는데, 자손에게 세습이 가능하였기 때문에 음서제와 함께 고려 귀족의 지위를 유지해 나갈 수 있는 기반이 되었다.
② 고려시대 전시과 체제하에서는 왕실의 경비를 충당하기 위하여 내장전을 지급하였다. 중앙과 지방 관청의 경비를 충당하기 위해 지급한 토지는 공해전이다.
③ 구분전은 하급 관료와 군인의 유가족에게는 지급한 토지이다.
④ 고려시대 전시과 체제하에서는 향리의 역의 대가로 외역전을 지급하였다. 관직을 얻지 못한 하급 관리 자제에게 지급한 토지는 한인전이었다.

□□
07 고려시대 토지 분급 제도에 대한 설명으로 옳은 것은?

① 공음전은 5품 이상의 관리에게 지급하여 세습을 허용하였다.
② 내장전은 중앙과 지방 관청의 경비를 충당하기 위해 지급하였다.
③ 구분전은 왕실의 경비를 충당하기 위해 지급하였다.
④ 외역전은 관직을 얻지 못한 하급 관리 자제에게 지급하였다.

08 밑줄 친 특수행정구역 주민은 향·소·부곡·역·진의 주민을 의미한다. 향·부곡민은 농업, 소민은 수공업에 종사하였는데, 이들은 일반 양민에 비해 무거운 세금 부담을 지고 있었다. 향·소·부곡민은 거주 이전의 자유가 원칙적으로 없었다.

□□
08 다음 내용에서 밑줄 친 지역 주민의 생활로 옳지 않은 것은?

[고려 양민의 유형]
1. 백정 농민 : 대부분 국가에서 토지를 지급 받지 못하고 자기 소유의 땅인 민전만 경작하여 살았고 토지가 없는 농민은 귀족의 토지를 경작하며 생활하였다.
2. 특수행정구역 주민 : 일반 군, 현에 거주한 주민과 구별되고, 향·부곡·소에 거주하며 농업과 수공업을 담당하였다.

① 일반 군현이 특수 구역으로 강등되기도 하였다.
② 먹을 전문적으로 생산하는 곳도 존재하였다.
③ 종이를 만들어 팔기 위해 이사하기도 하였다.
④ 일반 백정들의 주민보다 세금을 더 부담하였다.

정답 07 ① 08 ③

09 고려시대의 사회상에 대한 설명으로 가장 적절하지 <u>않은</u> 것은?

① 재가한 여성의 자제들에게는 사회적 진출에 차별이 있었다.
② 부모의 유산은 대체로 자녀에게 골고루 분배되었다.
③ 아들이 없을 때에는 양자를 들이지 않고 딸이 제사를 지냈다.
④ 공을 세운 사람의 부모는 물론, 장인과 장모도 함께 상을 받았다.

10 삼국유사에 대한 설명으로 옳은 것은?

① 유교적 합리주의 사관에 기초하여 기전체로 서술하였다.
② 우리의 고유문화와 전통을 중시하여 자주성을 강조하였다.
③ 현존하는 우리나라의 가장 오래된 역사서이다.
④ 삼국에서 고려까지 고승들의 전기를 정리하여 편찬한 책이다.

09 고려시대 부모의 유산은 자녀에게 균등하게 분할 상속되었으며, 태어난 차례대로 연령순에 따라 호적에 기재하여 남녀 차별을 하지 않았다. 여성의 재가는 비교적 자유롭게 이루어졌고, 그 소생 자식의 사회적 진출에도 차별을 두지 않았으며, 여성이 호주가 될 수도 있었다.
아들이 없을 때에는 양자를 들이지 않고 딸이 제사를 지냈으며, 상복 제도에서도 친가와 외가의 차이가 크지 않았다. 또한, 사위가 처가의 호적에 입적하여 처가에서 생활하는 경우가 적지 않았으며, 사위와 외손자에게까지 음서의 혜택이 있었고, 공을 세운 사람의 부모는 물론, 장인과 장모도 함께 상을 받았다. 여성의 재가는 비교적 자유롭게 이루어졌고 그 소생 자식의 사회적 진출에도 차별을 두지 않았다.

10 삼국유사는 충렬왕 때에 일연이 편찬한 역사서로 우리의 문화와 전통을 중시하였으며, 단군의 건국 이야기를 수록하는 등 자주적 역사의식이 나타난다.
① 인종 때 활약한 김부식은 고려 중기의 보수적이면서 현실적인 성격의 유학을 대표하였다. 김부식은 신라 계통 의식을 지닌 유교 사관을 갖고 있었으며, 기전체 형식의 삼국사기를 편찬하였다.
③ 고려 인종 때 김부식이 기전체로 편찬한 삼국사기는 현존하는 우리나라 최고(最古)의 역사서이다(1145).
④ 각훈이 왕명에 의해 편찬한 해동고승전은 삼국 시대의 승려 30여 명의 전기가 수록되어 있는데 화엄종(교종) 중심으로 불교사를 정리하였다.

정답 (09 ① 10 ②)

11 지눌은 송광사를 중심으로 승려 본
연의 자세로 돌아가 독경과 선 수행,
노동에 고루 힘쓰자는 개혁 운동인
수선사 결사를 제창하였다.
지눌은 선과 교학이 근본에 있어 둘
이 아니라는 사상 체계인 정혜쌍수
를 사상적 바탕으로 철저한 수행을
선도하였고, 내가 곧 부처라는 깨달
음을 위한 노력과 함께 꾸준한 수행
으로 깨달음의 확인을 아울러 강조
한 돈오점수를 주장하였다.
① · ② 의천
③ 성리학에 대한 설명

12 현존하는 활판 인쇄물은 1377년 직
지심체요절이다.
① 속장경(교장)은 의천이 고려 · 송
· 요의 주석서를 모아 간행한 것
으로 교장도감(흥왕사)을 설치하
여 10여 년간 만들었으나 몽골 침
입 때 목판이 소실되고 인쇄본 일
부만 현존한다.
② 초조대장경은 현종 때 거란의 침
입을 막기 위해 간행을 시작한 것
으로 몽골 침입 때 소실되었다.
④ 1234년의 상정고금예문은 세계
최초의 금속활자로 강화도 피난
시에 인쇄되었지만, 현존하지는
않고 기록으로만 전해진다.

11 밑줄 친 '그의 사상'과 관련된 설명으로 옳은 것은?

그의 사상은 돈오점수와 정혜쌍수로 요약할 수 있다. 이는
인간의 마음이 곧 부처라는 사실을 깨닫고(선 돈오) 이를 바
탕으로 수련을 계속해야 하며(후 점수) 그 수행에 있어서는
정과 혜를 함께 닦아야 한다는 것이다.

① 법상종과 선종의 여러 종파의 대립을 극복하기 위해 해동 천
태종을 창시하였다.
② 선종을 통합하기 위하여 국청사를 창건하여 활동하였다.
③ 고려 말 신진사대부들의 성장에 사상적 기반이 되었다.
④ 고려 후기의 불교계를 선종 중심으로 혁신하려는 운동을 전
개하였다.

12 다음 내용에서 소개하고 있는 문화유산은 무엇인가?

[활판 인쇄물]
• 간행 : 1377년(우왕3) 청주 흥덕사
• 인쇄 형태 : 금속활자본
• 원본 : 현재 파리 국립 도서관 동양문헌실 보관
• 목판본 : 서울의 국립중앙도서관에 보관
• 가치 : 현존하는 활판 인쇄물로 '세계기록유산'으로 등재

① 속장경
② 초조대장경
③ 직지심체요절
④ 상정고금예문

03 고려 후기의 사회 변화

01 고려 전기 문벌귀족 세력에 대하여 바르게 설명한 것은?

① 과거와 음서를 통해 관직을 독점하고 공음전의 혜택을 받았다.

② 성리학을 수용하고 불교의 폐단을 시정하려 하였다.

③ 중방을 중심으로 관직을 독차지하고 권력 투쟁을 하였다.

④ 막대한 농장과 노비를 소유하고 도평의사사를 장악하였다.

02 다음 중 최충헌에 대한 설명으로 옳은 것은?

① 수도를 강화도로 옮겨 대몽항쟁을 추진하였다.

② 삼별초를 조직하여 무력기반을 크게 확충하였다.

③ 정방을 설치하여 모든 관직에 대한 인사권을 장악하였다.

④ 국정을 총괄하는 최고 정치기구로 교정도감을 설치하였다.

03 시기적으로 (가), (나) 사이에 일어났던 사실로 옳은 것은?

> (가) 거란 군사가 귀주를 지나니 강감찬 등이 동쪽 들에서 맞아 크게 싸웠는데 … (중략) … 넘어져 죽은 적의 시체가 들판을 덮고, 사로잡은 군사와 말, 낙타, 갑옷, 투구, 병기는 이루 다 헤아릴 수가 없었다.
>
> (나) 윤관이 여진을 쳐서 적을 크게 패퇴시켰다. 여러 장수를 보내어 경계를 정하고 웅주, 영주, 복주, 길주의 4개 주에 성을 쌓았다.

① 북쪽 국경 일대에 천리장성이 축조되었다.

② 새로운 군사기구로 만호부가 설치되었다.

③ 처인성에서 김윤후가 적장 살리타를 사살하였다.

④ 강동 6주를 얻어 압록강 유역까지 국경을 넓혔다.

01 문벌귀족은 성종 시기부터 형성되어 11세기 문종 때 문벌귀족 사회의 전성기를 이루었다. 이자겸의 난과 묘청의 서경천도운동으로 문벌귀족 사회의 모순이 드러나고, 무신 정변으로 문벌귀족 사회가 붕괴되었다.
② 신진사대부
③ 무신
④ 권문세족

02 최충헌은 무신 정권 최고의 권력 기구인 교정도감을 설치하여, 도방, 정방, 서방 등의 기구를 총괄하였다.
① 최우는 수도를 강화도로 옮겨 대몽항쟁을 추진하였다.
② 최우는 삼별초를 조직하여 무력기반을 크게 확충하였다.
③ 최우는 정방을 설치하여 모든 관직에 대한 인사권을 장악하였다.

03 거란 침입 이후 북쪽 국경 일대인 압록강에서 도련포까지의 천리장성[덕종(1033) ~ 정종(1044)]을 쌓아 거란과 여진의 침략을 대비하였다.
② 고려 원간섭기에 원은 군사기구인 만호부를 설치하여 고려의 군사조직에 영향력을 행사하였다(1281).
③ 1232년 몽골군이 고려에 침입하였는데 김윤후가 처인성(용인)에서 몽골 장수 살리타를 사살하여 퇴각하게 하였다.
④ 서희는 외교 담판으로 압록강 동쪽의 강동 6주를 획득하여 영토를 확장하였다(994, 성종).
(가) 강감찬의 귀주대첩(1019)
(나) 윤관의 동북 9성 축조(1107)

정답 01 ① 02 ④ 03 ①

04 만적의 난은 무신 정권 시기 대표적 하층민의 봉기이다(1198). 최충헌의 사노비였던 만적이 주도한 신분해방 운동으로 정권 탈취까지를 목표로 한 고려 최초의 노비 반란이었다. 만적은 사람이면 누구나 공경대부가 될 수 있다고 주장하며 신분 차별에 항거하였다.

05 고려 말 공민왕은 무력으로 쌍성총관부를 공격하여 철령 이북의 땅을 수복하였으며 요동 지방을 공략하였다.
① 고려 초 거란은 강조의 정변을 구실로 하여 2차 침입을 하였다.
② 요서를 공격하여 전쟁에 유리한 고지를 차지한 것은 고구려시대 연개소문이다.
③ 고려시대 법적으로 백정(농민)은 과거제의 문과를 응시할 수 있었다. 하지만 고려시대 무과는 시행되지 않았다.

---

04 다음 글이 제시되었던 시기를 〈보기〉에서 옳게 고른 것은?

> 경계의 난 이래로 고관이 천한 노예들 가운데서 많이 나왔다. 장군과 재상의 종자가 따로 있는 것이 아니다. 때가 오면 누구나 할 수 있는 것이다. 우리들 노비만이 어찌 채찍질 밑에서 고생하라는 법이 있는가.

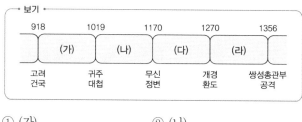

① (가) ② (나)
③ (다) ④ (라)

05 다음 지도와 같은 시기에 있었던 사실로 가장 옳은 것은?

① 거란이 강조의 정변을 구실로 개경을 침략하였다.
② 요서 지방을 공격하여 전쟁에 유리한 위치를 차지하였다.
③ 백정은 무과에 급제하여 장군이 될 수 있었다.
④ 신돈을 등용하여 전민변정도감을 운영하여 백성들의 환영을 받았다.

정답 04 ③ 05 ④

□□
06 다음은 토지제도의 변화를 도식화한 것이다. (가) 제도의 실시 배경으로 옳은 것은?

① 최충헌은 봉사 10조의 사회 개혁책을 제시하였다.
② 이성계는 위화도 회군 후 권력을 장악하였다.
③ 왕건은 후삼국을 통일한 후 논공행상을 시행하였다.
④ 광종은 과거제도를 시행하여 신구 세력을 교체하였다.

□□
07 고려시대 음서에 대한 설명으로 옳은 것만을 모두 고른 것은?

> ㉠ 공신의 후손을 위한 음서도 있었다.
> ㉡ 2품 이상 관리의 자제들이 무시험으로 관직에 등용되었다.
> ㉢ 사위나 외손자에게도 지급이 되었다.
> ㉣ 왕의 즉위와 같은 특별한 시기에만 주어졌다.

① ㉠, ㉡
② ㉠, ㉢
③ ㉡, ㉣
④ ㉢, ㉣

06 (가)는 고려 말 과전법. 이성계는 위화도 회군 후 권력을 장악하고 신진 사대부의 경제적 기반을 마련하고, 국가의 재정 기반 확보와 권문세족의 경제적 기반을 무너뜨리기 위해 과전법을 시행하였다.
① 무신 집권기
③ 고려 초
④ 고려 전기

07 ㉡ 고려시대에는 음서제도를 통하여 공신이나 종실의 자손, 5품 이상 고위 관료의 자손(외손자 포함) 등은 과거를 거치지 않고 관리가 될 수 있었다. 조선시대에는 2품 이상으로 그 대상이 축소되었다.
㉣ 조선시대에는 국가적 경사가 있을 때 보는 부정기 과거 시험으로 증광시 등이 있었다.

정답 06 ② 07 ②

08 제시된 자료의 왕은 고려 숙종이다. 숙종은 의천의 건의로 화폐주조를 명하였다. 고려 숙종 때 삼한통보, 해동통보, 해동중보, 활구(은병) 등을 제작, 유통하였다.
당시는 자급자족의 경제 활동을 하였으므로 농민들이 화폐의 필요성을 느끼지 못해, 일반적인 거래는 곡식이나 삼베를 계속 사용하였다. 활구(은병)는 당시에 통용되기 힘들었다. 그리고 이후 조선 세종 때 조선통보 등을 만들어 유통시키려 하였다.

□□
08 다음 내용에서 밑줄 친 왕의 재위 기간에 발행된 화폐가 <u>아닌</u> 것은?

> • 의천은 <u>왕</u>에게 건의하였다. … 왕이 명하기를 "백성들을 부유하게 하고 나라의 이익이 되는 데 돈보다 중요한 것은 없다. 이제 금속을 녹여 돈을 만드는 법령을 제정한다."라고 하였다.
> • 우리나라의 지형을 본떠 만든 은 1근으로 만든 이 화폐 하나의 값은 포 100여 필이나 되었다.

① 활구(은병)

② 삼한통보

③ 해동통보

④ 조선통보

09 고려시대 일반 군, 현에 거주한 주민과 구별되는 특수행정구역인 향·부곡(농업), 소(수공업)에 거주한 주민은 양인 신분임에도 불구하고 일반 군현민보다 더 많은 세금 부담을 지고 있었다.

□□
09 고려 사회의 모습에 대한 설명으로 옳지 <u>않은</u> 것은?

① 천민 출신인 이의민이 무신 정권의 최고 권력자가 되었다.
② 외거 노비가 재산을 늘려, 그 처자가 양인과 유사해질 수 있었다.
③ 지방 향리의 자제가 과거를 통해 귀족의 대열에 진입할 수 있었다.
④ 향·부곡·소의 백성도 일반 군현민과 동일한 수준의 조세·공납·역을 부담하였다.

정답 08 ④ 09 ④

□□
10 고려시대 노비의 생활 모습으로 옳은 것을 모두 고른 것은?

> ㉠ 일반적으로 과거 응시는 불가능했다.
> ㉡ 노비에 대한 매매와 상속은 금지되었다.
> ㉢ 관청에 소속된 노비는 사노비라 불렀다.
> ㉣ 부모 모두 노비여야 자식도 노비가 되었다.
> ㉤ 일부 노비는 재산을 모아 신분 상승을 이루기도 했다.

① ㉠, ㉤   ② ㉢, ㉣
③ ㉢, ㉤   ④ ㉠, ㉡, ㉤

□□
11 (가) ~ (다)에 대한 설명으로 옳은 것만을 〈보기〉에서 모두 고른 것은?

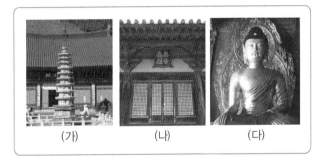

(가)   (나)   (다)

┌─ 보기 ─
│ ㉠ (가) – 조선 후기 건축물로 현재 국립중앙박물관에 보관되어 있다.
│ ㉡ (나) – 웅장하고 화려한 다포 양식으로 지어졌다.
│ ㉢ (다) – 주심포 양식의 부석사에 보관되어 있다.
│ ㉣ (가), (나), (다) – 고려시대에 만들어졌다.

① ㉠, ㉡
② ㉠, ㉣
③ ㉡, ㉢
④ ㉢, ㉣

10 ㉠ 노비는 과거 응시가 불가능했다.
㉤ 고려시대의 외거 노비는 자신의 토지도 소유할 수 있었으며, 경제적으로는 양민(백정)과 비슷하게 독립된 경제생활을 영위할 수 있었다.
㉡ 노비는 매매, 상속, 증여의 대상이었다.
㉢ 관청의 노비는 공노비, 또는 관노비라 불렸고 개인 소유의 노비는 사노비라 불리었다.
㉣ 고려시대는 일천즉천에 의하여 부모 중 한쪽이 노비이면 그 자식도 노비가 되었다.

11 (가) 월정사 8각 9층탑, (나) 주심포식 양식으로 지어진 부석사 무량수전, (다) 신라 양식을 계승한 부석사 소조 아미타여래 좌상이다. 모두 고려시대에 만들어졌다.
㉠ 고려시대 때 원의 영향을 받은 경천사지 10층 석탑에 대한 설명이다.
㉡ 고려시대 다포식 건물로 유명한 성불사 응진전에 대한 설명이다.

12 자료는 안동의 이천동 석불에 대한 설명이다. 고려 초기에는 광주 춘궁리 철불과 같은 대형 철불이 많이 조성되었고, 논산 관촉사 석조 미륵보살 입상이나 안동 이천동 석불처럼 향토적 아름다움과 소박한 아름다움이 잘 드러난 거대한 불상들이 사람들이 많이 다니는 길목에 조성되었다.
① 발해의 이불병좌상
② 삼국의 금동 미륵보살 반가 사유상
④ 고려시대 부석사 소조 아미타여래 좌상

☐☐
12 다음 설명과 관련 있는 문화재로 알맞은 것은?

> • 제작 시대 : 고려시대
> • 위치 : 안동
> • 특징 : 이 불상은 균형과 조화의 미를 보여준 이전의 불상 모습과 분위기가 판이하게 다르며, 토착적이고 지역 특색이 강한 느낌을 준다. 미륵신앙을 엿볼 수 있는 이 불상은 고려시대 지방의 미의식을 볼 수 있다.

①  ②

③   ④

13 (나) 의상은 현세에서 고난을 구제받고자 하는 관음신앙을 설파하여 불교를 일반인에게 널리 알렸다.
① 고려 전기 (다) 의천은 교종 중심에서 선종을 통합하려 노력하였고, 이를 뒷받침할 사상적 바탕으로 이론의 연마와 실천의 양면 모두를 강조하는 교관겸수를 제창하였다.
③ 12세기에 활동한 지눌은 선과 교학이 근본에 있어 둘이 아니라는 사상 체계인 정혜쌍수를 사상적 바탕으로 철저한 수행을 선도하였다.
④ 고려 후기 신앙결사운동은 승려 지눌, 혜심, 요세 등에 의해 전개되었다.
(가) 원효(통일신라)
(나) 의상(통일신라)
(다) 의천(고려)

☐☐
13 (가) ~ (다)에 대한 인물과 관련된 설명으로 옳은 것은?

> (가) 아미타신앙을 직접 전도하며 불교 대중화 운동을 펼쳤다.
> (나) 화엄일승법계도를 지어 모든 존재의 상호의존적인 관계를 설명하였다.
> (다) 국청사를 창건하여 천태종을 창시하였다.

① (가)는 교종 중심에서 선종을 통합하려 하였다.
② (나)는 관음신앙을 일반인에게 널리 알렸다.
③ (다)는 정혜쌍수를 바탕으로 철저한 수행을 강조하였다.
④ (나), (다)는 고려 불교의 신앙결사운동을 주도하였다.

정답 12 ③ 13 ②

04 조선 사회의 성립과 발전

01 다음 자료의 밑줄 친 '이것'에 관한 설명으로 옳은 것은?

> 이것은 조선시대 사람들이 차고 다닌 것으로, 오늘날 주민등록증과 같은 것이다. 조선시대에는 태종 13년(1413)에 처음 실시되어 숙종 1년(1675)까지 폐지와 실행을 거듭하였으며, 숙종 이후 고종까지 지속적으로 사용되었다.

① 조선 전기 여자에게도 발급하여 주었다.
② 19세 성인을 대상으로 발급하였다.
③ 노비는 소속 주인에게 발급하였다.
④ 백정도 발급받아 착용하였다.

01 호패는 여자를 제외하고 16세 이상 60세 미만 성인 남자에게 모두 발급되었고, 지금의 주민등록증과 같은 역할을 한다. 호패는 농민 이탈을 방지하여 국가 재정을 확보하려 했던 정책이었고, 더불어 왕권강화의 목적도 있었다.
① 호패는 남자에게만 지급하였다.
② 호패법은 16세 이상 양반에서 천민까지의 모든 남자에게 적용하였다.
③ 호패는 천민인 노비도 직접 수령하여 차고 다녔다.

02 다음 제도의 시행에 대한 설명으로 옳은 것은?

> 6조에서 올라오는 모든 일을 영의정, 좌의정, 우의정이 중심이 되는 의정부에서 논의하여 합의된 사항을 국왕에게 올려 결재받게 하였다.

① 국왕이 재상들을 직접 통솔할 수 있게 되어 왕권 강화에 기여하였다.
② 태종과 세조는 이 제도를 이용하여 초기의 불안한 왕권을 안정시켰다.
③ 세종은 이 제도를 시행하여 왕권과 신권의 조화를 추구하였다.
④ 정도전은 이 제도를 폐지하고 6조의 업무를 국왕에게 직접 보고하게 하였다.

02 세종은 6조에서 올라오는 모든 일을 영의정, 좌의정, 우의정 등의 재상이 중심이 되는 의정부에서 논의한 다음 합의된 사항을 국왕에게 올려 결재를 받는 형식의 의정부 서사제를 시행하였다. 그러면서도 인사와 군사에 관한 일은 세종이 직접 처리함으로써 왕권과 신권의 조화를 이루었다.
① · ② 6조 직계제는 6조에서 의정부를 거치지 않고 곧바로 사안을 국왕에게 올려 재가를 받아 시행하는 제도로써 태종과 세조는 6조 직계제를 실시하여 국왕 중심의 정치를 추구하였다.
④ 태조 때 정도전은 조선경국전과 경제문감을 저술하여 민본적 통치 규범을 마련하고, 재상 중심의 정치를 주장하였다. 의정부 서사제는 세종 때 시행한 것이다.

정답 01 ④ 02 ③

03 (가)는 6조가 의정부에 보고하지 않고 왕에게 직접 보고하는 6조 직계제이고 왕권을 강화하려는 의도에서 태종과 세조 때 시행되었다.
(나)는 6조의 모든 행정 사무를 의정부에서 합의하여 왕의 결재를 받는 형식의 의정부 서사제를 나타낸 것이다.
① · ② (나) 의정부 서사제
③ (가) 6조 직계제

03 다음은 조선 초기의 정치 운영 체제를 나타낸 것이다. (가), (나)에 대한 설명으로 옳은 것은?

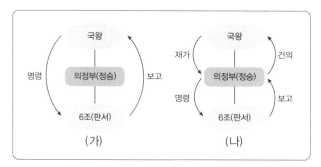

① (가) – 6조의 모든 행정 업무를 의정부가 관장하였다.
② (가) – 재상 중심의 정치관이 반영되었다.
③ (나) – 태종과 세조 때 시행되었다.
④ (가)는 (나)보다 국왕의 국정 장악력이 강하였다.

04 ㉠ 태조 때 1차 왕자의 난과 정종 때 2차 왕자의 난이 있었다.
㉢ 세종 때 전분 6등법과 연분 9등법을 시행하였다.
㉣ 단종 때 수양대군은 계유정난을 일으킨 후 정권을 잡았고 이후 왕위에 오른다.
㉡ 성종 때 경국대전의 편찬사업이 완료되었다.

04 조선의 건국과 발전에 관한 다음의 사항들이 시대순으로 바르게 정리된 것은?

> ㉠ 왕위 계승의 진통으로 두 차례 왕자의 난이 일어났다.
> ㉡ 『경국대전』과 『동국통감』 등 서책의 편찬이 완료되었다.
> ㉢ 전분 6등법과 연분 9등법을 시행하여 민생을 안정시키려 하였다.
> ㉣ 계유정난 이후 왕권이 강화되기 시작했다.

① ㉠ – ㉡ – ㉢ – ㉣
② ㉠ – ㉢ – ㉣ – ㉡
③ ㉢ – ㉣ – ㉡ – ㉠
④ ㉢ – ㉠ – ㉡ – ㉣

정답 03 ④ 04 ②

□□
05 (가) ~ (다)의 통치 기구에 관한 설명으로 가장 옳지 <u>않은</u> 것은?

> (가) 시정을 논하여 바르게 이끌고, 모든 관원을 살피며, 풍속을 바로잡고, 원통하고 억울한 일을 밝히며, 건방지고 거짓된 행위를 금하는 등의 일을 맡는다.
> (나) 임금에게 간언하고, 정사의 잘못을 논박하는 직무를 관장한다.
> (다) 궁궐 안에 있는 경적(經籍)을 관리하고, 문서를 처리하며, 왕의 자문에 대비한다. 모두 경연(經筵)을 겸임한다.

① (가)는 발해의 중정대와 비슷한 기능을 수행하였다.
② (나)가 하였던 일을 고려시대에 담당한 기관은 삼사였다.
③ (다)는 집현전을 계승하여 설치하였으며 경연을 담당하였다.
④ (가), (나), (다)는 왕권의 독주와 권신의 대두를 막는 역할을 하였다.

□□
06 다음 그림의 (가) ~ (라)에 대한 설명으로 옳은 것은?

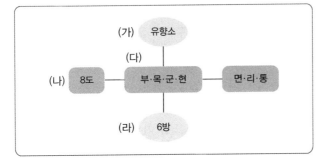

① (가) - 중앙 정부와 수령 사이의 연락 기능을 담당하였다.
② (나) - 안찰사를 파견하여 수령을 감찰하였다.
③ (다) - 수령이 행정권, 사법권, 군사권을 행사하였다.
④ (라) - 오늘날의 지방 의회 역할을 담당하였다.

05 (가) 사헌부는 관리의 비리를 감찰하거나 중대한 사건을 재판하였던 기관이다.
　(나) 사간원은 왕의 잘못을 논하는 간쟁과 논박을 하며 정사를 비판하는 업무를 담당하였다.
　(다) 홍문관은 성종 때 집현전을 대체하여 설치된 기구로 왕의 정치 자문 역할도 하였고, 경연과 서연을 담당하였다.
조선의 삼사는 언론기관으로 서경 · 간쟁 · 봉박권을 행사하였으며 왕이라도 함부로 막을 수 없었으나 고려의 삼사는 단순한 회계 기관이었다.

06 자료는 조선의 지방통제 제도에 관련한 도식이다. 조선시대에는 전국을 8도로 나누었고, 그 아래 부 · 목 · 군 · 현에는 수령을 파견하였는데, 수령은 행정권 · 사법권 · 군사권을 행사하였다.
　① 경재소는 중앙 정부와 수령 사이의 연락 기능을 담당하였다.
　② 조선의 8도에는 안찰사가 아니라 관찰사가 파견되었다.
　④ 유향소는 수령 보좌, 향리 감찰, 향촌 교화의 기능을 하였던 기구로 오늘날 지방 의회 역할을 하였다.

정답 (05 ② 06 ③)

07 조선시대에는 시험을 치르지 않고 등용되었던 음서의 혜택을 받는 대상이 2품 이상 고관의 자제로 고려시대에 비하여 크게 줄어들었고, 음서 출신은 문과에 합격하지 않으면 고관으로 승진하기도 어려웠다.

07 조선시대 관리 등용 제도에 관한 설명으로 가장 옳지 <u>않은</u> 것은?

① 권력의 집중과 부정을 막기 위하여 상피제를 마련하였다.

② 음서 출신은 문과 합격자보다 고관으로 승진할 수 있었다.

③ 재가한 여자의 아들과 손자, 서얼은 문과에 응시할 수 없었다.

④ 과거에 응시하지 않아도 취재를 통해 하급 실무직에 임명될 수 있었다.

08 조선 전기 군역에는 일정 기간 군사 복무를 교대로 근무하는 정군과, 정군이 복무하는 데에 드는 비용을 보조하는 보인이 있었다. 양반, 서리, 향리, 성균관 유생 등은 군역에서 면제되어 복무하지 않았다.
① 균역법은 조선 후기 영조 때 시행되었다.
② 임진왜란 중 편재된 속오군은 진관 체제를 기본으로 하였고, 위로는 양반에서부터 아래로는 천민인 노비까지 편제되었다(양천혼성군).
④ 조선 선조 때인 임진왜란의 휴전 기간 중에 훈련도감을 설치하여 포수, 사수, 살수의 삼수병을 양성하였다.

08 조선 전기의 군대 조직 및 운용에 관한 설명으로 가장 옳은 것은?

① 군역의 부담이 가중되자 이를 개선하기 위해 균역법을 시행하였다.

② 지방군으로 속오군이 편성되어 양인과 함께 일부 노비가 참여하였다.

③ 현역에 복무하는 정군과 비용을 부담하는 보인으로 구성되었다.

④ 훈련도감을 설치하여 포수와 활 그리고 창을 사용하는 삼수병제를 갖추었다.

09 세조 때 실시되었던 (가) 직전법은 현직 관리에게만 수조권을 지급하는 제도로 관직에서 물러난 관리는 국가에 수조권을 반환하여야 했다.
① 역의 징발권을 지급한 것은 신라의 식읍과 녹읍이었고 조선의 토지제도에서 역의 징발권을 부여하지 않았다.
③ 조선 성종 때 지방 관청에서 생산량을 조사하여 거두어 다시 관리에게 나누어 주는 방식인 관수관급제를 시행하였다(1470).
④ 고려 전시과 체제 아래에서는 관리를 18등급으로 나누어 곡물을 수취할 수 있는 전지와 함께 땔감을 얻을 수 있는 시지를 지급하였다.

09 다음 내용에서 (가)에 들어갈 제도에 대한 설명으로 옳은 것은?

> 과전법 → (가) → 관수관급제 → 녹봉제

① 해당 지역의 조세와 역의 징발권을 부여하였다.

② 현직 관리에 한하여 수조권을 지급하였다.

③ 국가에서 직접 세금을 거두어 관리에게 지급하였다.

④ 인품과 관품에 따라 전지와 시지를 지급하였다.

정답 07 ② 08 ③ 09 ②

10 조선 전기의 신분제도에 대한 설명으로 옳지 <u>않은</u> 것은?

① 양반은 문반과 무반을 지칭하는 성취 신분이었다.

② 서얼은 경국대전에 의해 문과 응시가 가능했지만 실제로는 제약을 받았다.

③ 지위가 높은 문무관원의 자손에게는 음서 등의 혜택이 주어졌다.

④ 조선 전기까지 노비는 일천즉천에 의하여 신분이 확정되었다.

11 다음과 같은 서술 방식으로 쓰인 역사책을 〈보기〉에서 모두 고른 것은?

사마천의 사기에서 시작된 역사 서술 방식이다. 군주와 관련된 사실들의 기록인 본기(本紀)와 신하들의 전기인 열전(列傳), 통치 제도·관직·문물·경제·지리·자연 현상 등을 내용별로 서술한 지(志)와 연표(年表)가 더해진다.

┌ 보기 ┐
㉠ 고려사   ㉡ 삼국사기
㉢ 고려사절요   ㉣ 조선왕조실록

① ㉠, ㉡
② ㉠, ㉢
③ ㉡, ㉢
④ ㉢, ㉣

---

10 서얼은 중인과 같은 신분적 처우를 받았으므로 중서라고도 불리었다. 서얼들은 경국대전에서 차별을 법제화한 이후 문과에 응시하는 것이 금지되었고, 간혹 무반직에 등용되기도 하였다.
① 양반은 조선 건국 초기에 문반과 무반을 아울러 부르는 명칭으로 관리등용제도를 통해 취득되는 성취 신분이었다.
③ 조선시대 2품 이상 고관의 자제는 음서로 관직에 진출할 수 있었다.
④ 일천즉천은 부모 중 한쪽이 노비이면 그 자식도 노비가 되는 것으로 고려시대부터 조선 전기까지 시행되었다.

11 자료의 서술 방식은 기전체로 기전체의 방법으로 쓰인 역사서를 고르는 문제이다.
㉠ 고려사(기전체)
㉡ 삼국사기(기전체)
㉢ 고려사절요(편년체)
㉣ 조선왕조실록(편년체)

정답 10 ② 11 ①

12 지도는 15세기 태종 때 만들어진 혼일강리역대국도지도로 현존하는 동양 최고(最古)의 세계지도이다.
조선 초에는 부국강병과 민생 안정을 위하여 정부가 노력하였다. 태종 때 최해산은 화약 무기의 제조를 담당하는 등 큰 활약을 하였다.
① 농사직설은 우리나라 풍토에 맞는 씨앗의 저장법, 토질의 개량법, 모내기법 등 농민의 실제 경험을 종합하여 세종 때 편찬하였다.
② 12세기 중엽에 고려의 독창적 기법인 상감법이 개발되어 자기에 활용되었다.
④ 정조 때 정약용은 수원 화성을 쌓을 때 거중기를 사용하여 공사 기간을 단축하고 공사비를 줄이는 데 크게 공헌하였다.

12 다음 지도가 처음 제작된 시기의 과학기술에 대한 설명으로 옳은 것은?

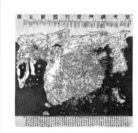

[혼일강리역대국도지도]
• 제작 방식 : 중국의 혼일강리도를 들여와 우리나라와 일본을 새로 추가하여 편집
• 지도 특징 : 중국의 지도가 중앙에 가장 크게 자리잡고 있어 세계에 대한 지식의 한계가 보이지만, 중국 외의 다른 세계가 존재함을 인식하고 있었음을 알 수 있다.

① 우리 실정에 맞는 농법서인 농사직설이 편찬되었다.
② 상감기법이 개발되어 민족의 독창성을 높였다.
③ 최해산을 등용하여 화약 무기를 개발하였다.
④ 화성을 쌓으면서 정약용이 제작한 거중기를 사용하였다.

13 세종은 정음청을 설치하고 집현전 학자들과 연구하여 훈민정음을 창제한 후 반포하였다(1446). 또한, 칠정산 내외편을 편찬하고, 대마도 정벌과 4군 6진을 개척하였다. 한편, 고려사는 문종 원년에 완성한 기전체 형식의 역사서로 자주적 입장에서 고려시대를 서술하였고(1451), 고려사절요도 문종 때 편년체로 편찬하였다(1452).

13 다음 내용에서 밑줄 친 '우리 전하'가 다스리던 시대에 대한 설명으로 가장 적절하지 않은 것은?

계해년 겨울에 우리 전하께서 정음 28자를 처음으로 만들었다. … 물건의 형상을 본떠서 글자는 고전(古篆)을 모방하였다. … 그런 까닭으로 지혜로운 사람은 아침나절이 되기 전에 이를 이해하고, 어리석은 사람도 열흘 만에 배울 수 있게 되었다.

① 우리나라 최초로 서울을 기준으로 천체 운동을 계산하여 칠정산 내외편을 편찬하였다.
② 기전체 역사서인 고려사와 편년체 역사서인 고려사절요가 완성되어 편찬되었다.
③ 이종무 등이 왜구의 소굴인 대마도를 정벌하였다.
④ 최윤덕과 김종서를 보내 여진족을 토벌하고 4군 6진을 개척하였다.

정답 12 ③ 13 ②

□□
14 다음 자료와 관련된 그림으로 옳은 것은?

> 정유년 20일 밤에 바야흐로 자리에 누우니, 정신이 아른하여 잠이 깊이 들어 꿈도 꾸게 되었다. 그래서 박팽년과 더불어 산 아래에 당도하니 층층의 멧부리가 우뚝 솟아나고 깊은 골짜기가 그윽한 채 아름다우며, 복숭아 나무 수십 그루가 있고, 오솔길이 숲 밖에 다다르자 여러 갈래로 갈라졌고, 나와 박팽년은 서성대며 어디로 갈 바를 몰랐다. … 그리하여 안견에게 명하여 내 꿈을 그림으로 그리게 하였다.

①    ②

③    ④

□□
15 칠정산 내외편이 편찬된 시기의 과학 기술에 대한 설명으로 가장 옳은 것은?

① 우리 실정에 맞는 농법서인 농사직설이 편찬되었다.
② 고구려의 천문도를 바탕으로 천상열차분야지도를 제작하였다.
③ 화성을 쌓으면서 정약용이 제작한 거중기를 사용하였다.
④ 주자소를 설치하고 계미자를 주조하였다.

---

14 자료는 안견의 몽유도원도(15세기)를 제시하고 있다. 15세기 화원 출신인 안견은 역대 화가들의 기법을 체득하여 독자적인 경지를 개척하였는데, 안평대군의 꿈을 구현한 그의 대표작인 '몽유도원도'는 자연스러운 현실 세계와 환상적인 이상 세계를 능숙하게 처리하고 대각선적인 운동감을 활용하여 구현한 걸작이다. 현재 일본 덴리(天理)대학 중앙도서관에 소장되어 있다.
② 정선의 인왕제색도(18세기, 진경산수화)
③ 신윤복의 단오풍정(18세기)
④ 강희안의 고사관수도(15세기)

15 세종 때 편찬한 칠정산은 서울을 기준으로 하여 만든 역법서이다. 그리고 세종 때 우리 실정에 맞는 농법을 정리한 농사직설이 편찬되었다.
② 조선 태조 4년(1395)에 제작된 천상열차분야지도는 돌에 새긴 천문도로 현재 국보 제228호로 지정되었다.
③ 정조 때 정약용은 수원 화성을 쌓을 때 거중기를 사용하여 공사 기간을 단축하고 공사비를 줄이는 데 크게 공헌하였다.
④ 태종 때 주자소를 설치해 계미자를 주조하고, 세종 때는 조지서를 설치해 갑인자를 주조하였다.

정답 14 ①   15 ①

05 조선 전기 사회 변화와 외세침략

01 15세기 중반 이후, 중소 지주적인 배경을 가지고 성리학에 투철한 지방 사족이 영남과 기호 지방을 중심으로 성장하였는데, 이들을 사림이라 부른다. 이들은 훈구 세력이 중앙집권체제를 강조한 데 비해, 향촌 자치를 내세우며 도덕과 의리를 바탕으로 하는 왕도정치를 강조하였고, 기존의 훈구 세력과 갈등을 겪기도 하였다. 반면, 훈구파는 성리학 이외의 학문과 사상에 대해 비교적 관대하였다.

02 중종 때 조광조는 현량과 실시, 불교와 도교 행사 폐지, 소학 교육 장려, 방납의 폐단시정, 경연 강화, 위훈 삭제, 향약 시행 등을 추진하였다. 즉, 경연 등 사림에 의한 언론활동이 약화된 것이 아니라 강화된 것이다.

03 ㉠ 무오사화(1498, 연산군)
㉢ 갑자사화(1504, 연산군)
㉡ 기묘사화(1519, 중종)
㉣ 을사사화(1545, 명종)

01 조선 전기 사림(士林)에 대한 설명으로 옳지 않은 것은?

① 성리학 이외의 학문과 사상에 대해 관용적이었다.
② 향촌 자치를 내세우며, 도덕과 의리를 바탕으로 한 왕도정치를 강조하였다.
③ 3사의 언관직을 차지하고, 자신들의 의견을 공론으로 표방하였다.
④ 중소 지주적인 배경을 가지고, 지방사족이 영남과 기호 지방을 중심으로 성장하였다.

02 다음 중 조광조가 추진한 개혁정책이 아닌 것은?

① 현량과 실시
② 소격서(도교기관) 폐지
③ 경연 등 언론활동 약화
④ 공납제도 폐단시정 노력

03 다음 사건들을 발생한 순서대로 나열한 것은?

㉠ 김일손은 김종직의 조의제문을 사초에 수록하려 하였다.
㉡ 조광조가 현량과를 시행하여 사림 세력을 등용하려 하였다.
㉢ 명종을 해치려 했다는 이유로 윤임 일파가 몰락하였다.
㉣ 연산군은 생모 윤씨의 폐비 사건에 관여한 사림을 몰아냈다.

① ㉠ - ㉡ - ㉢ - ㉣
② ㉠ - ㉣ - ㉡ - ㉢
③ ㉡ - ㉢ - ㉣ - ㉠
④ ㉢ - ㉡ - ㉠ - ㉣

정답 01 ① 02 ③ 03 ②

□□
04 비변사에 대한 설명으로 옳은 것을 〈보기〉에서 모두 고른 것은?

┌─ 보기 ─────────────────────────────┐
⊙ 인조반정 이후 서인의 군사적 기반이 되었다.
ⓛ 임진왜란을 거치면서 구성원이 고위 관원으로 확대되
　었다.
ⓒ 세도정치기에 핵심적인 정치기구의 역할을 하였다.
ⓔ 17세기에는 러시아를 정벌하기도 하였다.
└────────────────────────────────┘

① ⊙, ⓛ
② ⊙, ⓒ
③ ⓛ, ⓒ
④ ⓛ, ⓔ

□□
05 다음 내용과 관련된 군사조직에 대한 설명으로 옳은 것은?

┌────────────────────────────────┐
외방 곳곳에서 도적들이 일어났다. … 나는 청하기를 "당속
미 1천석을 군량으로 하되, 한 사람당 하루에 2승씩 급료를
준다면 사방에서 군인으로 응하는 자가 모여들 것입니다."
라고 하였다. … 얼마 안 되어 수천 명을 얻어 조총 쏘는 법
과 창·칼 쓰는 기술을 가르치고 초관과 파총을 세워 그들을
거느리게 하였다. 또 당번을 정하여 궁중을 숙직하게 하고,
국왕의 행차가 있을 때에 이들로써 호위하게 하니 민심이
점차 안정되었다.
└────────────────────────────────┘

① 양반에서부터 노비에 이르기까지 편제 대상이 되었다.
② 진도와 제주도 등을 중심으로 몽골군에 항쟁을 하였던 부
　대이다.
③ 서리, 잡학인, 신량역천인 등이 소속되어 유사시에 동원되
　었다.
④ 임진왜란 중 창설된 중앙군으로 삼수병을 양성하였다.

04 비변사는 16세기 왜구에 대비하기
위해 설치한 임시기구로 임진왜란
때 실질적 최고기구로 변화하였다.
전란이 끝난 뒤에도 폐허의 복구와
사회·경제적 변동에 효율적으로 대
처하고 붕당 간의 이해관계를 조정
하기 위해 비변사의 구성과 기능은
그대로 유지되었다.
조선 후기로 가면서 비변사의 기능이
강화되자 왕권이 약화되고 의정부와
6조 중심의 행정 체계가 무너지게 되
었고, 19세기 세도정치기에는 최고
권력기구의 역할을 맡게 되었다.
⊙ 조선 후기 5군영은 서인의 군사
　적 기반이 되었다.
ⓔ 조선 효종 때 청이 러시아 정벌
　을 요청하였고 변급(1654), 신유
　(1658) 등 2차례(효종 때) 조총부
　대를 출병시켜 승리하였다(나선
　정벌).

05 훈련도감은 임진왜란 때 왜군의 조총
에 대항하기 위하여 기존의 활과 창
으로 무장한 부대 외에 조총으로 무
장한 부대를 만들었는데, 포수·사
수·살수의 삼수병으로 편제되었다.
① 임진왜란 중 개편된 속오군은 평
　상시에는 생업에 종사하면서 향촌
　사회를 지키다가 적이 침입해 오
　면 전투에 동원되었던 지역 방어
　체제로 양반에서부터 천민인 노비
　까지 편제되었다(양천혼성군).
② 고려시대 최씨 무신 정권은 사병
　조직인 삼별초를 편성하여 몽골
　에 대항하였다(최우).
③ 조선 초기에는 정규군 외에 유사
　시에 대비하게 한 일종의 예비군
　인 잡색군이 있었다.

정답 04 ③　05 ④

06 1636년 병자호란 때 인조는 남한산성으로 피난하여 청군에 대항하였으나 1637년 1월 삼전도로 나아가 청태종 앞에 무릎을 꿇고 항복을 하였다(삼전도의 굴욕).
① 광해군의 밀명을 받은 강홍립은 후금의 감정을 자극하지 않기 위해 후금에 투항하였다.
③ 이순신이 이끈 수군은 옥포에서 첫 승리를 거둔 이후, 거북선을 이용한 사천·당포·한산도 전투 등 남해안 여러 곳에서 연승을 거두어 남해의 제해권을 장악하였다.
④ 권율의 행주대첩(1593.2.), 김시민의 진주대첩[1592.10(1차), 1593.6(2차)], 이순신의 한산도대첩(1592.7.)은 모두 승리한 전투로 임진왜란 3대 대첩으로 불린다.

06 왜란이나 호란에 관련된 설명으로 옳지 <u>않은</u> 것은?

① 강홍립은 후금의 감정을 자극하지 않기 위해 후금과 휴전을 맺었다.
② 병자년에 청군이 한양을 점령하자 인조는 강화도로 피난하여 항전하였다.
③ 이순신이 이끄는 수군이 적군을 맞아 첫 승리를 한 것은 옥포해전이다.
④ 권율의 행주대첩, 김시민의 진주대첩, 이순신의 한산도대첩은 모두 승리한 싸움이다.

07 자료는 조선 전기의 성리학적 경제관인 중농억상 정책에 관한 내용이다. ㉠, ㉣은 조선 후기에 광업과 상업의 발달 과정에서 나타난 사실들이다.

07 다음과 같은 경제관이 반영된 경제 정책을 〈보기〉에서 모두 고른 것은?

> • 검소한 것은 덕이 함께 하는 것이며, 사치는 악의 큰 것이니, 사치스럽게 사는 것보다는 차라리 검소해야 할 것이다.
> • 우리나라에는 이전에 공상(工商)에 관한 제도가 없어, 백성들 중 게으로고 놀기 좋아하는 자들이 수공업과 상업에 종사하였기 때문에 농사를 짓는 백성이 줄어들었다.
> 『조선경국전』

보기
㉠ 정부는 민간인에게 광물을 채굴할 수 있도록 하였다.
㉡ 기술자들을 공장안에 등록시켜 물품을 제작하게 하였다.
㉢ 정부는 농사직설, 금양잡록 등의 농서를 간행하고 보급하였다.
㉣ 재정 수입을 늘리고 상공업을 진흥시키기 위하여 통공(通共) 정책을 실시하였다.

① ㉠, ㉡　　　　　　② ㉠, ㉢
③ ㉡, ㉢　　　　　　④ ㉡, ㉣

정답 06 ② 07 ③

08 조선시대 시전에 대한 설명으로 옳은 것은?

① 신해통공으로 육의전의 금난전권이 폐지되었다.
② 경시서를 두어 시전과 지방의 장시를 통제하였다.
③ 시전은 보부상을 관장하여 독점판매의 혜택을 오래 누렸다.
④ 국역의 형태로 궁중과 관청에 필요한 물품을 조달할 의무가 있었다.

09 조선 전기(15 ～ 16세기) 사림이 향촌을 주도하기 위한 동향으로 옳지 <u>않은</u> 것은?

① 도덕과 의례의 기본 서적인 '소학'을 보급하였다.
② 향사례, 향음주례의 실시를 주장하였다.
③ 촌락 단위의 동약을 실시하고, 문중 중심으로 서원과 사우를 많이 세웠다.
④ 향회를 통해서 자신의 결속을 다지고 향촌을 교화하였다.

10 다음 중 향약에 대한 설명으로 옳은 것은?

① 군현마다 하나씩 설립되었으며, 중앙에서 교수를 파견하였다.
② 초등교육을 담당하였으며, 선비와 평민 자제를 교육하였다.
③ 선현에 대해 제사 지내고 인재교육, 향음주례 등의 역할을 담당하였다.
④ 풍속 교화, 향촌 사회의 질서유지를 담당하여 사림의 지위 강화에 기여하였다.

08 시전 상인은 왕실이나 관청에 물품을 공급하는 대신에 육의전 독점 판매권을 부여받았다.
① 정조는 육의전을 제외한 나머지 시전 상인들의 금난전권을 철폐하여 사상들의 자유로운 상업 활동을 허용하였다(1791, 신해통공).
② 고려 전기의 상업은 도시를 중심으로 발달하였는데 경시서를 두어 상행위를 감독하였다.
③ 조선의 시전 상인은 특정 상품(육의전)에 대한 독점 판매권을 부여받았지 보부상을 관장하지 않았다.

09 조선 후기 구향들은 향촌의 지위를 확보하려고 노력하게 되는데, 촌락 단위의 동약을 실시하여 지배력을 다졌다.
① · ② · ④ 조선 전기 사림들은 소학 보급에 힘썼으며, 향사례 및 향음주례의 실시를 주장하였다. 또한, 자율적 규약(향약)을 만들고, 수시로 향회를 소집하여 백성을 교화하며, 고을의 풍속을 바로 잡았다.

10 향약은 덕업상권 · 과실상규 · 예속상교 · 환난상휼 등을 4대 덕목으로 정하여 향촌의 질서유지를 담당하였던 자치규약으로 향촌민을 교화하는 데 목적이 있었으며, 향촌 사회의 질서유지와 함께 치안까지 담당하는 등 향촌의 자치 기능을 맡았다.
① 중등교육기관인 4부 학당과 향교에는 그 규모와 지역에 따라 중앙에서 교관인 교수 또는 훈도를 파견하였다.
② 서당은 초등교육을 담당하는 사립 교육 기관으로서, 4학이나 향교에 입학하지 못한 선비와 평민의 자제가 교육을 받았다.
③ 서원에서 향음주례와 향사례를 주관하였다.

정답 08 ④ 09 ③ 10 ④

11 자료는 고려에서 조선 전기까지의
   사회상을 보여주고 있다. 당시에는
   재산 상속을 같이 나누어 받는 만큼
   그 의무인 제사도 형제가 돌아가면
   서 지내거나 책임을 분담하기도 하
   였다.
   ①·③ 조선 후기
   ④ 조선 전기에는 재산을 균분상속
      하였다.

☐☐
11 다음 내용과 같은 족보가 만들어진 시기의 사회상으로 옳은
   것은?

   ┌──┐
   │ • 딸이 재혼하였을 경우, 그 남편을 후부(後夫)라 하여 성명 │
   │   을 기재하였다.   │
   │ • 외손도 대를 이어 전부 기재하되, 성을 기재하지 않고 이 │
   │   름만 기재하였다.   │
   │ • 자녀가 없는 사람은 이름 밑에 '무후(無後)'라고 기재하였 │
   │   고, 양자(養子)한 사례를 찾아볼 수 없다.   │
   └──┘

   ① 여성의 재혼이 엄격히 금지되었다.
   ② 형제가 돌아가면서 제사를 지내기도 하였다.
   ③ 혼인한 여성은 출가외인이라 하여 차별받았다.
   ④ 큰아들 외의 아들은 재산 상속에서 제외되었다.

12 이황과 이이는 성리학적 통치이념을
   강조하였다. (가) 이황은 성학십도에
   서 군주 스스로 성학을 따라야 할 것
   을 강조하였고, (나) 이이는 성학집
   요에서 현명한 신하가 군주에게 성
   학을 가르쳐 그 기질을 변화시켜야
   한다는 것을 강조하였다.
   ① 15세기 말부터 16세기 전반까지
      신진 사림들이 기성 훈구로부터
      받은 정치적 탄압인 사화가 일어
      났다.
   ② 조선 숙종 때 정국을 주도하는 붕
      당과 견제하는 붕당이 서로 교체
      됨으로써 정국이 급격하게 전환
      하는 환국이 나타나기 시작하였
      고, 이로써 특정 붕당이 정권을
      독점하는 일당 전제화의 추세로
      변질되어 갔다.
   ③ 숙종·영조·정조는 붕당의 폐
      해를 방지하고 왕권과 신권의 세
      력 균형을 유지하기 위하여 탕평
      론을 제시하였다.

☐☐
12 (가), (나)의 자료를 통해 알 수 있는 사실은?

   ┌──┐
   │ (가) 후세 임금들은 천명을 받아 임금의 자리에 오른 만큼 그 │
   │   책임이 지극히 무겁고 지극히 크지만, 자신을 다스리는 │
   │   도구는 하나도 갖추어지지 않았습니다. … 먼저 뜻을 세 │
   │   워 "노력하면 나도 순임금처럼 될 수 있다."라고 생각하 │
   │   십시오.   │
   │   『성학십도』 │
   │   │
   │ (나) 제왕의 학문은 기질을 바꾸는 것보다 절실한 것이 없   │
   │   고, 제왕의 정치는 정성을 다해 어진 이를 등용하는 것 │
   │   보다 우선하는 것이 없을 것입니다.   │
   │   『성학집요』 │
   └──┘

   ① 급진적인 사림의 정치 참여로 사화를 촉발하게 되었다.
   ② 사림의 정치적 대립을 격화시켜 반정과 환국을 초래하였다.
   ③ 붕당의 폐해를 막기 위하여 탕평책이 시행되었다.
   ④ 사림의 성장을 바탕으로 성리학적 통치이념이 강화되었다.

정답 11 ② 12 ④

06 조선 후기 경제 발전과 사회 동향

□□
01 다음 사건으로 인하여 발생한 역사적 사실은?

> 김효원이 과거에 장원으로 급제하여 이조 전랑의 물망에 올랐으나, 그가 윤원형의 문객이었다 하여 심의겸이 반대하였다. 그 후에 심충겸(심의겸의 동생)이 장원 급제를 하여 이조 전랑에 천거되었으나, 외척이라 하여 김효원이 반대하였다.
> 『연려실기술』

① 동인과 서인으로의 분화
② 남인과 북인으로의 분화
③ 노론과 소론으로의 분화
④ 서인과 남인 간의 예송논쟁

02 조선 후기 예송에 대한 설명으로 옳지 <u>않은</u> 것은?

① 기해예송은 효종이 사망하자 자의대비가 상복을 3년 복으로 입을 것인가, 1년 복으로 입을 것인가를 둘러싸고 일어났다.
② 기해예송은 서인의 주장대로 자의대비가 효종을 위해 1년 복을 입는 것으로 결정되었다.
③ 갑인예송에서 남인은 자의대비가 9개월 복의 상복을 입어야 한다고 주장하였다.
④ 갑인예송은 효종비가 사망하자 자의대비가 상복을 1년 복으로 입을 것인가, 9개월 복으로 입을 것인가를 둘러싸고 일어났다.

01 16세기 선조 때 사림이 집권하면서 사림 세력 내의 이조 전랑직의 대립이 발생하였다. 갈등이 심화되면서 왕실의 외척이자 기성 사림의 신망을 받던 심의겸 중심의 세력이 서인으로, 당시 신진 사림의 지지를 받던 김효원 중심의 세력은 동인으로 발전한다. 이에 사림은 동인과 서인으로 나뉘어 정국을 이끌어 간다.

02 현종 때 효종의 왕위 계승에 대한 정통성과 관련하여 두 차례의 예송이 발생하면서 서인과 남인 사이에 대립이 격화되었는데, 효종의 상 때 자의대비의 복제 문제로 서인은 1년, 남인은 3년설을 주장하였고(기해예송), 효종비의 상 때 인조의 계비인 자의대비가 적장자에 준하는 상복을 입을 것인지를 둘러싸고 벌어졌던 논쟁으로 서인은 9개월, 남인은 1년을 주장하였다(갑인예송).

정답 01 ① 02 ③

03 비변사는 16세기 중종 때 북쪽의 여진과 남쪽의 왜구 침략이 증가하자 삼포왜란 이후(1510) 이를 효율적으로 대처하기 위하여 변방을 담당하는 임시기구로 창설되었고, 명종 때는 을묘왜변(1555)을 거치면서 상설기구가 되면서 국방을 담당하게 되었다.

04 영조는 자신의 논리에 동의하는 탕평파를 중심으로 정국을 운영하였다.
① 숙종 때 환국으로 인하여 특정 붕당이 정권을 독점하는 일당 전제화의 추세로 변질되어 갔다.
② 현종 때 서인과 남인 사이에 대립이 격화되어 두 차례의 예송논쟁이 발생하였다.
③ 세도정치 시기에는 유력한 가문 출신의 몇몇이 실제 권력을 행사하게 되었다.

정답 03 ① 04 ④

03 다음 자료에서 밑줄 친 '이 기구'에 대한 설명으로 가장 적절하지 않은 것은?

> 김익희가 상소하여 말하기를, "요즘 이 기구가 큰 일이건 작은 일이건 모두 취급합니다. 의정부는 한갓 겉 이름만 지니고 육조는 할 일을 모두 빼앗기고 말았습니다. 이름은 '변방을 담당하는 것'이라고 하면서 과거에 대한 판정이나 비빈 간택까지도 모두 여기서 합니다."라고 하였다.

① 명종 때에 을묘왜변을 계기로 처음 만들어진 임시회의 기구이다.
② 세도정치 시기에도 핵심적인 정치기구로 자리잡았다.
③ 의정부의 의정과, 공조판서를 제외한 판서 등 주요 관리가 참여하는 합좌기관이다.
④ 고종 때 흥선대원군에 의해 사실상 폐지되었다.

04 조선 영조 때의 역사적 사실로 옳은 것은?

① 특정 붕당이 정권을 독점하는 일당 전제화 추세가 대두되었다.
② 왕위 계승에 대한 정통성과 관련하여 두 차례의 예송이 발생하였다.
③ 정치 집단은 소수의 가문 출신으로 좁아지면서 그 기반이 축소되었다.
④ 붕당을 없애자는 논리에 동의하는 관료들을 중심으로 탕평 정국을 운영하였다.

05 다음 자료와 관련 있는 조선시대의 왕이 추진한 정책으로 적절한 것은?

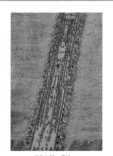 

화성능행도   시흥환어행렬도

① 붕당과 산림의 근거지인 서원을 대폭 정리하였다.
② 장용영을 설치하여 국왕의 군사적 기반을 강화하였다.
③ 군역의 부담을 줄이기 위하여 균역법을 시행하였다.
④ 국왕의 편당적인 인사로 경신환국 등의 혼란이 나타났다.

06 다음 자료와 같은 시기에 살았던 농민들의 생활 모습으로 적절하지 <u>않은</u> 것은?

> 이앙에 드는 품은 직파에 비해 5분의 4가 줄어들어 일손이 많은 자는 경작하는 것이 끝이 없으나 땅을 가지고 있지 않은 자는 경작할 길이 없다. 만약 크게 가뭄이 들면 직파에서는 오히려 수확할 것이 있지만 이앙에서는 한 톨도 얻을 것이 없다.
>
> 『성호사설』

① 고추, 담배 등의 상품작물을 재배하였다.
② 소작료가 정액 지대인 도조법으로 점차 변하였다.
③ 민간에서는 선대제 수공업이 성행하였다.
④ 시비법의 발달로 휴경지가 감소하였다.

05 자료는 수원 행차에 대한 것으로 정조와 관련 있음을 알 수 있다. 정조는 각 붕당의 주장이 옳은지 그른지를 명백히 가리는 적극적인 탕평책을 추진하여 영조 때에 세력을 키워 온 척신과 환관 등을 제거하였다.
①·③ 영조는 서원을 대폭 정리하였고 균역법을 실시하였으며 속대전을 편찬하였다.
④ 숙종 때의 일이다.

06 자료는 이앙법의 보급에 대한 설명이다. 조선 후기에 이앙법으로 1인당 경작 면적이 늘어나면서 광작 농업이 가능해져 일부 농민은 부농이 될 수 있었으나, 소작지를 잃고 농촌을 떠나야 했던 농민도 있었다. 한편, 시비법은 고려 때 실시되어 휴경지가 감소하였고, 조선에 가서 휴경지가 소멸하게 된다.

정답 05 ② 06 ④

07 16세기 중엽 명종 때에는 직전법이 폐지되고 수조권 지급제도가 사라졌으므로 관리는 녹봉만을 받게 되었다. 조선 후기에는 오히려 양반과 농민의 지주 전호제가 강화되어 지주들의 광작이 성행하게 되었다.

□□
07 **조선 후기 경제 상황에 대한 설명으로 옳지 않은 것은?**

① 조선 후기 수공업에서는 선대제 수공업이 성행하였다.

② 농민의 경제력 향상으로 지주 전호제가 유명무실해졌다.

③ 청과의 무역으로 은의 수요가 늘면서 은광의 개발이 활기를 띠었다.

④ 상품화폐경제가 발달하면서 신용화폐가 점차 보급되었다.

08 (나)의 송상은 개성상인으로 주로 인삼을 재배하였으며, 전국적인 유통망으로 송방을 설치하여 청과 일본간의 중계 무역에 참여하였다.
(가)는 의주의 만상으로 중국으로부터 비단, 약재, 문방구 등을 수입하였다.
(다)는 한양의 경강상인으로 조창의 조세와 공물을 경창으로 운반하였다. 도고는 대동법 시행 이후 성장한 독점적 도매상인이다.
(라)는 동래의 내상으로 대일본 무역을 주도하였고 주로 유황과 구리를 수입하였다.

□□
08 **지도의 (가) ~ (라)는 조선 후기 사상이다. 이에 대한 설명으로 옳은 것은?**

① (가)는 만상으로 주로 인삼재배와 유통에 관여하였다.

② (나)는 송상으로 전국적 유통망으로 송방을 설치하였다.

③ (다)는 경강상인으로 대동법 시행에 등장하여 도고로 성장하였다.

④ (라)는 내상으로 조창의 조세와 공물을 경창으로 운반하였다.

정답 07 ② 08 ②

□□
09 다음 자료에서 나타난 향촌 사회 변화에 대응하는 양반층의 움직임으로 옳은 것은?

> 지금까지 향촌 사회에서 영향력을 행사하였던 양반은 새로 성장한 부농층의 도전을 받았다. 경제력을 갖춘 부농층은 수령을 중심으로 한 관권과 결탁하여 향안에 이름을 올리는가 하면, 향회를 장악하여 향촌 사회에서 영향력을 키우려고 하였다. 부농층은 종래의 재지 사족이 담당하던 정부의 부세제도 운영에 적극 참여하였으며 향임직에 진출하거나 기존 향촌 세력과 타협하면서 상당한 지위를 얻었다.

① 향도를 조직하여 공동으로 신앙 활동을 하였다.
② 양반층의 결속을 위한 납속책 확대 시행을 지지하였다.
③ 동족 마을을 형성하였고, 문중이나 사우 건립을 확대하였다.
④ 소격서를 설치하여 사상적으로 우위를 점하고자 하였다.

□□
10 혼인풍습 중 친영제도가 정착되었던 시기의 사회상에 대한 설명으로 가장 적절한 것은?

① 여성의 재가가 비교적 자유롭게 이루어졌다.
② 장남 이외의 아들도 제사에서 그 권리를 잃어 갔다.
③ 남녀를 구분하지 않고 태어난 순서대로 족보에 기재하였다.
④ 관리의 수탈에 대처하기 위해 농민층에서는 향약이 성행하였다.

---

09 조선 후기 구향들은 족적 결합을 강화함으로써 자신들의 지위를 지켜나가고자 전국에 많은 동족 마을을 형성하였고, 문중을 중심으로 서원과 사우 등을 많이 건립하였다.
① 조선시대 촌락의 농민 조직인 향도는 불교와 민간 신앙 등의 신앙적 기반과 동계 조직 같은 공동체 조직의 성격을 모두 가지고 있었다. 양반의 향촌 지배 노력과는 거리가 있다.
② 양반들은 자신들의 특권을 유지하기 위하여 납속책의 확대 시행을 지지하지 않았다.
④ 15세기 훈구파는 제천행사가 국가의 권위를 높인다고 하여 소격서를 설치하고, 참성단에서 초제를 거행하였다.

10 조선 후기 보학의 발달로 인하여 아들이 없는 집안에서는 양자를 들이는 것이 일반화되었으며, 점차 장남 위주로 제사를 지냈다.
① 고려시대 여성의 재가는 비교적 자유롭게 이루어졌고, 그 소생 자식의 사회적 진출에도 차별을 두지 않았다. 아들이 없을 때는 양자를 들이지 않고 딸이 제사를 지냈으며, 상복 제도에서도 친가와 외가의 차이가 크지 않았다.
③ 고려시대부터 조선 전기까지의 특징이다.
④ 향약은 양반이 제작하여 시행하였고, 조선 후기에는 농민 수탈의 원인이 되기도 하였다.

정답 09 ③ 10 ②

11 18세기 초에 정제두는 몇몇 소론 학자들이 명맥을 이어가던 양명학을 체계적으로 연구하였다. 그는 거처를 강화도로 옮겨 후진 양성에 힘썼으며, 이들로 인하여 강화학파가 형성되었다.
심즉리(心卽理) 사상이 양명학의 바탕이며 앎과 행함은 분리된 것이 아니라 앎은 행함을 통하여 성립한다는 지행합일설(知行合一說)과 인간은 상하 존비의 차별이 없다는 치양지설(致良知說)이 양명학의 근간이다.
양명학자 대부분은 정권에서 소외된 소론이었기 때문에 양명학의 사상이 정계에 반영되기는 어려웠다.

12 자료는 조선 후기 노론에서 분화되는 호락논쟁을 나타낸다. (가)는 인간과 사물의 본성이 다르다는 인물성이론이며, (나)는 인간과 사물의 본성은 본질적으로 같다는 인물성동론이다.
㉠ (나) 낙론은 인물성동론을 주장하여 북학사상 및 중상주의 실학사상에 영향을 주었다.
㉣ 17세기 윤휴는 유교 경전에 대하여 독자적인 해석을 하여 당시 서인의 공격을 받아 사문난적으로 몰렸다.

---

11 조선의 양명학에 대한 설명으로 옳지 않은 것은?

① 양명학은 누구나 양지를 가지고 있음을 주장하고, 지행합일을 강조하였다.
② 18세기 초 정제두는 양명학을 체계적으로 연구하여 학파로 발전시켰다.
③ 양명학은 정권에서 소외된 북인 집안의 후손을 중심으로 하여 계승되었다.
④ 양명학을 계승한 강화학파는 실학자들과 영향을 주고받았다.

12 (가), (나)의 주장과 관련하여 〈보기〉에서 옳게 설명한 것을 모두 고른 것은?

18세기에 들어와 주기론을 고집하는 충청도 지방의 노론과 주리론도 이해하고자 하는 서울 지방의 노론 사이에서 심성론에 대한 논쟁이 벌어졌다. (가) 인간과 사물의 본성이 다르다고 주장하는 충청도 노론(호론)과 (나) 같다고 주장하는 경기 지방의 노론(낙론)의 대립이 그것이다.

보기
㉠ (가)는 청과 서양의 이질적인 문화도 포용해야 한다고 보았다.
㉡ (가)와 (나)는 이이의 학통을 계승한 학파 내부에서 나타났다.
㉢ (나)의 사상은 북학파 실학자들에게 연결되었다.
㉣ (나)를 주장했던 학자들은 (가)를 사문난적(斯文亂賊)으로 비판하였다.

① ㉠, ㉡
② ㉠, ㉢
③ ㉢, ㉣
④ ㉡, ㉢

정답 11 ③ 12 ④

13 다음과 같은 내용을 주장한 실학자에 대한 설명으로 옳지 <u>않은</u> 것은?

> 여(閭)에는 여장(閭長)을 두며 여민들이 공동으로 경작한다. 내 땅 네 땅의 구분이 없으며 오직 여장의 명령만 따르며, 개인별 노동량은 매일 여장이 기록하고, 수확물은 모두 여장의 집에서 모은다. 분배할 때는 공세(公稅)와 여장 녹봉을 빼고서 일역부(日役簿) 기록에 따라 공정하게 분배한다.
> 『전론(田論)』

① 기예론을 저술하였고 거중기와 배다리를 창안하였다.
② 신유박해에 연루되어 강진으로 유배 생활을 하였다.
③ 정전제를 모델로 한 여전제의 실시를 주장하였다.
④ 놀고먹는 양반 사회에 대하여 비판하였다.

14 다음과 같은 내용을 주장한 실학자에 대한 설명으로 옳은 것은?

> 무릇 땅덩어리는 하루에 한 바퀴를 돈다. 땅의 둘레는 9만 리이고 하루는 12시이다. 9만 리 넓은 둘레를 12시간에 도니 그 빠름이 번개보다 빠르고 포환보다도 급하다. 땅이 빨리 도니 허공의 기(氣)가 격하게 부딪쳐 허공에서 쌓이고 땅에서 모이게 된다.

① 동국지리지를 저술하여 역사 지리 연구의 단서를 열어 놓았다.
② 임하경륜을 저술하였고 성리학의 극복이 부국강병의 근본이라고 강조하였다.
③ 동사에서 조선의 자연환경과 풍속, 인성의 독자성을 강조하였다.
④ 동국지도를 만들어 지도 제작의 과학화에 기여하였다.

13 자료는 정약용이 주장한 여전론이다. 정약용은 이후 정전제를 현실에 맞게 실시할 것을 주장하였다. 즉, 정전제보다 여전제를 먼저 주장한 것이므로 정전제를 모델로 삼은 개혁론이 아니다.

14 자료는 홍대용의 무한우주론으로 지전설을 주장하였다. 북학파의 실학자인 홍대용은 청에 왕래하면서 얻은 경험을 토대로 『임하경륜』, 『의산문답』 등을 저술하였고, 성리학의 극복이 부국강병의 근본이라고 강조하였으며, 기술의 혁신, 문벌제도의 철폐 등을 주장하였다.
① 한백겸은 고대 지명과 고구려 역사를 치밀하게 고증하여 역사 지리서인 『동국지리지』를 저술하였다.
③ 이종휘는 고구려와 발해 역사를 연구하여 『동사』를 저술하였고, 우리 민족의 시야를 만주 지방까지 확대시킴으로써 한반도 중심의 협소한 사관을 극복하는 데 힘썼다.
④ 정상기는 '동국지도'를 제작하였는데, 최초로 100리 척을 사용하여 정확하고 과학적인 지도 제작에 공헌하였다.

정답 13 ③ 14 ②

15 자료는 박지원이 저술한 『양반전』이다. 『양반전』, 『허생전』, 『호질』 등을 저술하여 양반 문벌제도의 비생산성을 비판하였고, 『과농소초』라는 농서를 지었다. 한편, 윤휴는 주자의 성리학을 비판하였는데, 『중용주해(中庸註解)』에서 유교 경전에 대하여 독자적인 해석을 하여 당시 서인(노론)의 공격을 받아 사문난적으로 몰렸다.

□□
15 다음과 같이 양반 사회를 비판한 실학자에 대한 설명으로 옳지 않은 것은?

> 양반이란 사족(士族)을 높여서 일컫는 말이다. 정선(旌善) 고을에 어떤 양반이 살고 있었는데, 어질고 책 읽기를 좋아하였다. 고을 군수가 부임할 적마다 방문하여 인사하였는데, 살림이 무척 가난하였다. 그래서 관가에서 내주는 환자(還子)를 타서 먹었는데 결국 큰 빚을 졌다. 그러자 마을 부자가 양반의 위세를 부러워해서 양반을 사겠노라 권유하니 그 양반은 기뻐하며 승낙하였다.

① 열하일기를 저술하여 상공업의 진흥을 강조하였다.
② 호질을 통해 양반의 위선을 풍자하였다.
③ 과농소초를 통해 농기구의 개량을 주장하였다.
④ 중용주해에서 주자 학설 중심의 성리학을 비판하였다.

16 자료의 의서는 고려시대에 편찬한 우리나라의 자주적인 의학서인 『향약구급방』으로 현존하는 우리나라의 가장 오래된 의학서이다.
① 정약용의 『마과회통』
③ 허임의 『침구경험방』
④ 이제마가 사상의학을 다룬 『동의수세보원』

□□
16 밑줄 친 '의서'에 대한 설명으로 옳은 것은?

> 고려 고종 때 대장도감에서 이 의서를 간행한 뒤 세월이 오래되어 현재 전해지는 것은 일본에 소장된 중간본으로 조선 태종 때의 것이다. 이 의서는 당시 외국산 약재들을 우리나라에서 생산되는 약재로 대체하려는 의도가 담겨있다. 이는 우리 의약을 자주적 방향으로 발전시키고자 하는 민족의식의 성장으로도 의미가 깊다.

① 마진(홍역)에 대한 치료법을 정리하였다.
② 현존하는 우리나라의 가장 오래된 의학서이다.
③ 저자의 경험을 중심으로 침구술을 집대성하였다.
④ 사람의 체질을 구분하여 치료하는 방법을 소개하였다.

정답 15 ④ 16 ②

☐☐
17 조선 후기 문화에 대한 설명으로 가장 옳지 <u>않은</u> 것은?

① 우리나라의 산천을 화폭에 담는 진경산수화가 등장하였다.

② 현실 사회를 풍자하는 가면극으로 산대놀이 등이 인기를 끌었다.

③ 서예 부문에서는 중국에서 새로 들어온 송설체가 풍미하였다.

④ 기존의 형식에서 벗어나 자유롭게 심정을 표현한 사설시조가 유행하였다.

17 고려 말기에는 몽골의 영향으로 필법이 유려한 송설체(조맹부체)가 유행했는데 이암이 뛰어났다.

☐☐
18 다음 작품들이 나타났던 시기의 상황으로 옳은 것을 〈보기〉에서 모두 고른 것은?

> ─ 보기 ─
> ㉠ 서얼 출신 학자들이 규장각 검서관으로 등용되었다.
> ㉡ 분청사기가 전국에서 널리 만들어졌다.
> ㉢ 격식에 구애됨이 없이 감정을 표현하는 사설시조가 유행하였다.
> ㉣ 사회·경제적 변화로 양반층이 줄고 상민과 노비 계층이 늘어났다.

① ㉠, ㉡

② ㉠, ㉢

③ ㉡, ㉢

④ ㉢, ㉣

18 다음 그림은 조선 후기에 유행한 풍속화와 민화로 김홍도의 대장간(왼쪽)과 민화(오른쪽)이다. 조선 후기에는 ㉠과 ㉢처럼 서얼에 대한 차별이 완화되었고 사설시조가 유행하였다.
㉡ 조선 전기
㉣ 조선 후기에는 양반층이 늘고 상민과 노비층이 줄었다.

07 사회 모순의 심화와 농민 항쟁

01 자료는 정조 사후 세도정치기의 상황
이다. 세도정치란 국왕의 위임을 받
아 정권을 잡은 특정인과 그 추종 세
력에 의하여 이루어지는 정치 형태를
지칭하는데, 정조 사후 3대 60여 년
동안 안동 김씨나 풍양 조씨 같은 왕
의 외척 세력이 권력을 독점하여 행
사하는 세도정치가 출현하게 되었다.
① 효종
② 숙종
③ 선조

□□
01 다음 연표를 토대로 당시의 정치 상황을 옳게 설명한 것은?

> 1800 순조가 11세의 나이로 등극
> 1811 홍경래의 난
> 1834 헌종이 8세의 나이로 등극
> 1849 철종이 19세의 나이로 등극
> 1862 임술농민봉기

① 예송을 둘러싸고 붕당 간의 대립이 심각하게 전개되었다.
② 세 차례의 환국을 거치면서 일당 전제화의 경향이 나타났다.
③ 척신 정치의 청산 문제로 동·서 분당이 이루어졌다.
④ 강력한 왕권을 기반으로 시행되었던 탕평 정치가 무너지게
되었다.

02 자료는 조선 후기 미륵신앙과 예언
사상인 정감록이다. 조선 후기 탐관
오리의 탐학과 횡포는 날로 심해졌
고, 재난과 질병이 거듭되었으며, 서
양의 이양선까지 연해에 출몰하자
민심은 극도로 흉흉해져 갔다.
사회 불안이 점점 더해 감에 따라 각
처에서는 도적이 크게 일어났으며,
백성 사이에는 미륵신앙과 예언사상
의 정감록, 비기·도참 등이 유행하
였다.
① 고려 건국 초
② 신라 말
③ 고려 무신집권기

□□
02 다음 주장이 제기된 시기의 사상적 동향으로 옳은 것은?

> • 불교에서는 석가의 시대가 다하고 미륵의 시대가 온다고 하
> 니, 속세 또한 새로운 세상이 반드시 올 것이다. 군복과 무기
> 를 미리 갖추어 이 세상이 다할 때 군사를 일으킬 준비를
> 하라.
> • 정씨 성과 최씨 성의 두 진인(眞人)을 얻어, 먼저 우리나라
> 를 평정하여 정씨 성의 사람을 임금으로 세운 뒤에 중국을
> 공격하여 최씨 성의 사람을 황제로 세울 것이다.

① 풍수지리설이 유행하여 북진 정책 추진의 이론적 근거가 되
었다.
② 선종이 독자적인 세력을 구축하려는 지방 호족의 이념적 지
주가 되었다.
③ 불교계의 타락상을 비판하며 본연의 자세 회복을 주장하는
결사 운동이 일어났다.
④ 유교적 명분론이 민중에게 설득력을 잃어가면서 비기·도
참 등이 유행하였다.

정답 01 ④ 02 ④

제 **3** 장 | 근대 사회

01 개항과 근대 변혁 운동

□□
01 밑줄 친 '그'가 추진한 정책으로 옳지 않은 것은?

> 1863년 철종이 죽자 아들을 왕위에 올린 그는 세도정치로 인해 흐트러진 국가 기강을 바로잡아 민심을 수습하고, 땅에 떨어진 왕권을 강화하기 위하여 여러 개혁정책을 과감히 추진하였다.

① 비변사를 폐지하고, 의정부와 삼군부의 기능을 부활시켰다.
② 대전회통, 육전조례 등 새로운 법전을 편찬하였다.
③ 양반들의 근거지인 향교를 47개소만 남기고 철폐하였다.
④ 임진왜란 때 불타버린 경복궁을 중건하였다.

□□
02 다음 (가) 시기에 외적이 침입한 지역에 대한 설명으로 옳은 것은?

1866		1866	1868	1871
			(가)	
병인 박해	제너럴셔먼호 사건	병인 양요	오페르트 도굴사건	신미 양요

① 영국은 러시아의 남하를 막기 위해 이곳을 점령하였다.
② 여진족이 이곳에 무역소의 설치를 요구하였다.
③ 삼별초는 이 섬에서 끝까지 몽골에 저항하였다.
④ 프랑스가 이곳에서 서적과 문화재를 약탈하였다.

---

01 흥선대원군은 붕당의 온상으로 인식되어 온 전국 600여 개소의 서원 가운데 47개소만 남긴 채 모두 철폐하였다. 즉, 향교가 아닌 서원을 철폐한 것이다.

02 (가)에 들어갈 설명은 강화도에서 벌어진 일로, 병인박해의 원인으로 일어난 병인양요이다. 프랑스는 병인박해를 구실로 강화도를 침략하였다 (1866, 병인양요).
① 1885년 러시아의 한반도 남하를 견제한다는 구실로 영국은 거문도를 해밀턴 항이라 명명하고 불법 점령한 후 포대를 설치하였다.
② 6진으로 두만강 근처를 말한다.
③ 고려 정부가 몽골과 강화하여 개경으로 환도하자, 삼별초는 제주도에서 끝까지 항전하였다(1273).

정답 (01 ③ 02 ④)

03 ② (나) 조청상민수륙무역장정에 청
　　상인의 내지 통상권에 대한 허가
　　가 규정되어 있었다.
　　③ 조청상민수륙무역장정은 갑신정
　　변이 아니라 임오군란 이후 체결
　　된 것이다.
　　④ 조청상민수륙무역장정이 아니라
　　조프통상조약(1886)에 천주교의
　　포교권 인정이 규정되어 있다.
　　(가) 강화도 조약(1876)
　　(나) 조청상민수륙무역장정(1882)

□□
03 (가), (나)는 조선이 외국과 맺은 조약이다. 이와 관련한 설명으로 옳은 것은?

> (가) • 조선국은 자주적으로 일본국과 평등한 권리를 보유한다.
> 　　 • 경기, 충청, 전라, 경상, 함경 5도 연해 중에서 통상하기 편리한 항구 두 곳을 택하여 지정한다.
> (나) 이 수륙무역장정은 중국이 속방을 우대하는 뜻에서 상정한 것이고 각 대등 국가 간의 일체 동등한 혜택을 받는 예와는 다르다.

① (가)는 운요호 사건 이후 체결된 것이다.
② (가)에는 외국 상인의 내지 통상권에 대한 허가가 규정되어 있다.
③ (나)는 갑신정변 이후 체결된 것이다.
④ (나)에는 천주교의 포교권 인정이 규정되어 있다.

04 자료는 조미수호통상조약 체결 배경
　　을 설명하고 있는 것으로, '이 나라'
　　는 미국을 말한다. 조선 정부는 조선
　　책략의 영향과 청의 알선으로 서양
　　여러 나라 가운데 미국과 최초로 조
　　약을 체결하였다.
　　① 영국
　　② 일본
　　④ 청

□□
04 다음의 자료가 국내에 유입된 직후 조선과 조약을 체결한 국가에 대한 역사적 사실로 옳은 것은?

> 조선의 땅은 실로 아시아의 요충을 차지하고 있어 형세가 반드시 다투게 마련이며, 조선이 위태로우면 중국도 위급해질 것이다. 러시아가 영토를 넓히려고 한다면 반드시 조선으로부터 시작할 것이다. … 그렇다면 오늘날 조선의 책략은 러시아를 막는 일보다 더 급한 것이 없을 것이다. 러시아를 막는 책략은 무엇인가?
>
> 황쭌셴 『조선책략』

① 러시아의 남하를 구실로 거문도를 점령하였다.
② 갑신정변 때 개화당에 군사적 지원을 약속하였다.
③ 제너럴셔먼호 사건을 구실로 신미양요를 일으켰다.
④ 임오군란을 진압하고 난 뒤 조선에 대한 내정 간섭을 강화하였다.

정답　03 ①　04 ③

05 다음 자료에서 시찰단 (가)의 활동에 대한 설명으로 옳은 것은?

- 시찰 기간 : 1881년 4월 10일 ~ 7월 2일
- 시찰 장소 : 쓰시마, 오사카, 교토, 도쿄 등
- 시찰 내용 : 정치, 군사, 산업 등 분야별 문물 시찰
- 파견 인원 : 박정양, 어윤중 외 59명

① 강화도 조약이 체결되는 배경이 되었다.
② 근대적 병기 공장인 기기창이 설립되는 계기가 되었다.
③ 통리기무아문 설치 이후 개화 정책의 일환으로 파견되었다.
④ 근대 기술에 대한 기본 지식과 경비 부족으로 조기 귀국하였다.

06 위정척사운동의 전개에 대한 설명으로 옳지 않은 것은?

① 대원군의 쇄국정책을 뒷받침하였다.
② 동도서기론과 문명개화론을 주장하였다.
③ 영남 유생들의 만인소 운동이 일어났다.
④ 일본과 관련하여 왜양일체론을 내세웠다.

07 임오군란의 결과 일본과 맺은 조약의 내용으로 옳은 것은?

① 청에 억류된 대원군을 조속히 귀국시키도록 한다.
② 청은 랴오둥 반도와 타이완 등을 일본에 할양한다.
③ 일본 공사관 경비를 담당할 일본군 약간명을 파견한다.
④ 조선은 새로운 일본 공관 건설에 필요한 부지를 제공하고 공사비를 지불한다.

---

05 1881년에 박정양, 어윤중, 홍영식 등을 일본에 (가) 조사시찰단으로 파견하였다.
조사시찰단은 1880년에 정부가 개화사상을 받아들여 개화 추진 기구인 통리기무아문을 설치한 이후 일본에 파견되었다.
① 강화도 조약 이후에 일본에 조사시찰단이 파견되었다.
② 조선은 1881년 청에 영선사를 파견하였는데, 김윤식과 유학생들을 청국의 톈진에 유학시켜 근대 무기 제조법, 군사훈련법, 자연과학 등을 배우게 하였다.
④ 영선사는 정부의 재정 부족으로 1년 만에 중도 귀국하게 된다.

06 동도서기론(東道西器論)은 온건개화파가 내세웠던 서구 문명 수용 논리로 우리의 정신세계는 유지하고 서양의 과학기술만 받아들이자는 주장으로, 중국의 중체서용론(中體西用)과 비슷하다. 1880년대 온건 개화파였던 김홍집, 어윤중, 김윤식 등은 청의 양무운동을 본받아 점진적 개혁을 주장하였다.

07 조선은 임오군란 직후 일본과 제물포 조약을 체결(1882)하여 일본 정부에 배상금을 물고, 일본 공사관의 경비병 주둔을 인정하였다.
① 갑신정변의 14개조 정강의 내용이다.
② 청일전쟁의 결과로 체결된 시모노세키 조약(1895.4.)으로 인하여 청이 조선에 대한 권한을 부정당하였으며, 요동(랴오둥) 반도와 타이완을 일본에 할양하고 배상금 2억 냥을 지불하였다.
④ 갑신정변 이후 조선은 일본의 강요로 보상금 지불과 공사관 신축비 부담 등을 내용으로 하는 한성 조약을 체결하였다(1884).

정답 05 ③ 06 ② 07 ③

08 개화당 세력은 우정국 개국 축하연을 이용하여 정변을 일으키고 14개조의 정강을 발표하였다(1884, 갑신정변). 급진 개화파는 문벌을 폐지하고 인민 평등의 권리를 제정하여 능력에 따라 관리를 등용할 것을 주장하였다.
① 동학농민군은 토지를 균등히 나누어 경작하자는 토지 개혁을 주장하였다.
② 갑오개혁 때 청의 연호를 버리고, 조선의 개국 기원을 사용하였다.
④ 독립협회는 외국과의 이권에 관한 계약과 조약은 해당 부처의 대신과 중추원 의장이 함께 날인하여 시행할 것을 내용으로 하는 헌의 6조를 결의하였다.

□□
08 밑줄 친 '혁신정강 14개조'에 해당하는 내용으로 가장 옳은 것은?

> 급진 개화파는 우정총국 낙성 기념 축하연을 이용하여 정변을 개시하였다. 이후 급진 개화파는 국가 전반의 개혁정책을 담고 있는 혁신정강 14개조를 공포하였다.

① 토지는 평균으로 나누어 경작하게 할 것
② 국내외의 공사 문서에는 개국 기원을 사용할 것
③ 문벌을 폐지하고 인민 평등의 권리를 제정하고 능력에 따라 관리를 등용할 것
④ 외국과의 이권에 관한 조약은 각 대신과 중추원 의장이 합동 날인하여 시행할 것

09 자료는 갑신정변의 14개조 정강이다. 개화당은 정치면으로는 청과의 사대관계 폐지·경찰제도 실시·내각 중심제, 경제면으로는 지조법의 개혁·재정의 호조관할, 사회면으로는 인민평등권·능력에 따른 인재등용 등의 내용을 개혁 정강으로 내세웠다. 공사노비법 폐지는 제1차 갑오개혁 때이다(1894.7.).

□□
09 다음 정강에 포함된 내용으로 옳지 않은 것은?

> 첫째, 대원군을 가까운 시일 안으로 나라에 돌아오게 하도록 할 것
> 둘째, 문벌을 없애 인민이 평등한 권리를 갖는 제도를 제정할 것
> ⋮

① 청에 대한 조공을 폐지할 것
② 공사노비법을 혁파할 것
③ 재정을 모두 호조에서 관할하도록 할 것
④ 혜상공국을 없앨 것

정답 08 ③ 09 ②

10 (가) 조약이 조선의 경제 상황에 끼친 영향으로 옳은 것은?

> 조선은 (가)를 체결함으로써, 청에게 치외법권은 말할
> 것도 없고, 최초로 한성과 양화진에서 점포를 개설할 수 있는
> 권리와 여행권을 소지한 경우 개항장 밖에서도 통상할 수 있
> 는 권리 및 조선 연안에서 자유롭게 무역할 수 있는 권리를
> 넘겨주었다.

① 청과 일본의 상권 경쟁이 치열해졌다.
② 개항장에서 일본 화폐가 사용되었다.
③ 최초로 무관세 협정을 체결하게 되었다.
④ 일본 제일은행권이 본위 화폐가 되었다.

11 조선 정부가 외국과 맺은 조약의 주요 내용이다. (가), (나)에 대한 설명으로 옳지 <u>않은</u> 것은?

> (가) 다른 나라에 본 조약에서 부여되지 않은 특혜를 허가할
> 경우 동등한 특혜는 미국 관민에게도 무조건 균점된다.
> (나) 중국 상인이 조선의 양화진과 서울에 들어가 상점을 차
> 릴 수 있도록 허락한다.

① (가) – 영사 재판에 의한 치외법권을 허용하였다.
② (가) – 양국의 평등 원칙을 지키기 위해 만들어졌다.
③ (가) – 다른 나라들도 이와 같은 특권을 요구하였다.
④ (나) – 임오군란의 영향으로 체결되었다.

10 자료는 1882년 체결한 조청상민수륙무역장정이다. 이 조약의 체결로 조선 내의 청과 일본의 상권 경쟁이 매우 치열하게 되었다.
② 조일수호조규 부록의 체결로 인해 일본 화폐가 국내에 유통되었다.
③ 1876년 조일통상장정에서는 일본의 수출입 상품에 대한 무관세, 양곡의 무제한 유출의 허용, 일본 상선의 무항세 등을 규정하였다.
④ 화폐정리사업 이후 일본은 제일은행권을 본위 화폐로 발행하였다.

11 (가)는 조미수호통상조약(1882)으로 서양과 맺은 최초의 조약으로 불평등 조약이었다. 조약 내용은 양국 중 한 나라가 제3국의 압력을 받을 경우에 서로 도와주겠다는 거중 조정 규정과 영사 재판에 의한 치외법권을 규정하였다. 또한, 최혜국 대우를 규정하였고, 관세에 대한 내용도 체결하였다.
(가) 조미수호통상조약의 최혜국 대우는 대표적인 불평등 조항이며, 열강의 이권 침탈의 빌미가 되었다.
(나) 임오군란의 결과로 체결된 조청상민수륙무역장정(1882)의 일부로, 청의 상인들이 개항장을 벗어나 내륙까지 진출하여 직접 무역할 수 있음을 보여주고 있다. 이로써 거류지 무역을 통하여 이익을 얻었던 객주, 여각, 보부상 등은 큰 타격을 받게 되었다.

정답 10① 11②

12 개항 이후 일본으로 계속해서 곡물이 유출되자, 함경도, 황해도, 전라도 등지의 지방관들은 방곡령을 내려 곡물의 유출을 막고자 하였다. 이에 일제는 조선의 지방관들이 방곡령을 실시하기 1개월 전에 일본 측에 통고하여야 한다는 통상 장정의 규정을 구실로 조선 측에 강압하여 방곡령을 철회하도록 하였다. 결국, 정부는 지역 간 원활한 곡물 이동과 일본의 압력을 고려하여 방곡령을 철회하게 되고 막대한 배상금도 지불하게 된다.
ⓒ 황국 중앙 총상회는 시전 상인들이 조직한 것으로 상권 수호 운동을 벌였다.
ⓔ 조일통상장정(1876, 양곡의 무제한 유출 허용, 일본의 무항세, 일본의 무관세)

13 (가) 김옥균에 의한 갑신정변은 일본의 지원을 받아 일으키지만 결국 청의 지원군에 의해 진압당하게 된다.
(나) 전봉준이 주도한 동학농민운동은 청과 일본에 의해 진압당하게 된다.
ⓒ 서재필
ⓔ 최익현

12 (가)에 대한 옳은 설명을 〈보기〉에서 모두 고른 것은?

"조선에 자연재해나 병란 등으로 국내의 양곡이 부족해질 염려가 있어서 조선 정부가 잠정적으로 양곡 수출을 금지하려고 할 때는 그 시기보다 1개월 앞서 지방관이 일본 영사관에 알린다."라는 장정이 체결된 후, 황해도 관찰사 조병철(1889), 함경도 관찰사 조병식(1889), 황해도 관찰사 오준영(1890)이 (가)을(를) 선포하였다.

┌ 보기 ┐
ⓐ 황국 중앙 총상회의 강력한 요구로 시행되었다.
ⓑ 곡물 가격이 급등하는 것을 막기 위한 조치였다.
ⓒ 지방 단위로 선포되었지만 실효를 거두지 못하였다.
ⓓ 무관세로 곡물이 유출되는 현실로 인해 선포되었다.

① ⓐ, ⓑ   ② ⓐ, ⓒ
③ ⓑ, ⓒ   ④ ⓒ, ⓓ

13 같은 시대를 살았던 두 인물 (가), (나)에 관한 설명으로 옳지 않은 것을 〈보기〉에서 모두 고른 것은?

• 개화당은 우정국 개국축하연을 이용하여 수구 사대당의 고관들을 살해하고, (가) 김옥균, 박영효, 홍영식 등을 중심으로 개화당 정부를 수립한 후, 14개조 정강을 발표하였다.
• 고부 군수 조병갑의 착취에 항거하여 (나) 전봉준이 1천여 명의 농민군을 이끌고 관아를 습격하여 군수를 내쫓고 아전들을 징벌한 뒤 곡식을 농민에게 나누어 주었다.

┌ 보기 ┐
ⓐ (가)는 독립협회를 설립하여 민중의 계몽에 앞장섰다.
ⓑ (나)는 을사조약에 반대하는 의병 활동을 전개하였다.
ⓒ (가), (나)의 개혁 운동은 외세의 간섭으로 실패하였다.
ⓓ (가), (나)는 신분 차별이 없는 평등한 사회를 만들려고 하였다.

① ⓐ, ⓑ   ② ⓐ, ⓒ
③ ⓑ, ⓒ   ④ ⓒ, ⓓ

정답 12 ③ 13 ①

□□
14 다음과 같은 주장을 한 인물들이 추진했던 사실로 적절하지 않은 것은?

> • 탐관오리는 그 죄상을 조사하여 엄징한다.
> • 노비 문서는 모두 소각한다.
> • 칠반천인(七班賤人)의 대우를 개선하고, 백정이 쓰는 평량갓을 없앤다.
> • 관리 채용에는 지벌을 타파하고 인재를 등용한다.
> • 토지는 평균 분작한다.

① 사창제 실시와 양전 사업을 주장하였다.
② 봉기군을 이끌고 황토현에서 관군과 교전하였다.
③ 고부읍을 점령하고 백산에서 농민군을 정비하였다.
④ 척양척왜를 주장하며 공주 우금치 전투를 전개하였다.

14 자료는 동학 농민군이 제시한 폐정 개혁안 12개조의 내용이다. 사창제와 양전 사업을 추진한 것은 흥선대원군이다.

□□
15 다음에 제시된 역사적 사건들을 시간 순서대로 바르게 나열한 것은?

> ㉠ 우금치 전투   ㉡ 전주화약
> ㉢ 황룡촌 전투   ㉣ 교정청 설치
> ㉤ 군국기무처 설치

① ㉡ - ㉢ - ㉠ - ㉤ - ㉣
② ㉢ - ㉡ - ㉣ - ㉤ - ㉠
③ ㉢ - ㉡ - ㉣ - ㉠ - ㉤
④ ㉡ - ㉢ - ㉣ - ㉤ - ㉠

15 ㉢ 황룡촌 전투(1894.4.23.)
㉡ 전주화약(1894.5.8.)
㉣ 교정청 설치(1894.6.11.)
㉤ 군국기무처 설치(1894.6.25.)
㉠ 우금치 전투(1894.11.)

정답 14 ① 15 ②

16 일본은 삼국간섭 이후 을미사변을 일
  으켰고 곧이어 을미개혁을 추진하였
  다. 기존의 개국 연호를 폐지하고, 건
  양이라는 연호를 사용하였으며, 단발
  령을 반포하여 고종이 세자와 함께 먼
  저 시행하였다. 태양력을 사용하였
  고, 종두법을 시행하였으며 우편 사
  무를 재개하였다. 군사 개혁을 단행
  하여 친위대와 진위대로 편성하였다.
  ㉢ 조일무역규칙(조일통상장정)은
  조선 정부의 항의로 1883년 개정
  하여 방곡령을 신설하게 되었다.
  ㉣ 아관파천 이후 고종은 단발령을
  폐지하고 의정부를 다시 설치하
  였다.

16 다음에 제시된 사건들 직후에 전개한 개혁으로 옳은 것을 〈보기〉에서 모두 고르면?

> • 삼국간섭
> • 친러파 내각인 제3차 김홍집 내각의 성립
> • 을미사변

┌─ 보기 ─
│ ㉠ 건양이라는 연호를 제정하였다.
│ ㉡ 조일무역규칙을 개정하였다.
│ ㉢ 서울에 친위대를, 지방에 진위대를 두었다.
│ ㉣ 단발령을 폐지하고 의정부를 다시 설치하였다.

① ㉠, ㉡
② ㉠, ㉢
③ ㉡, ㉣
④ ㉢, ㉣

17 ① 1894년 갑오개혁
  ② 1907년 정미의병
  ③ 1871년 척화비 설립
  ④ 1895년 을미사변

17 다음 연표에서 (가)~(다) 시기에 있었던 역사적 사실로 옳은 것은?

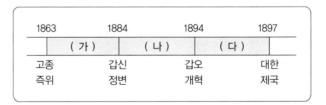

1863	1884	1894	1897
(가)	(나)	(다)	
고종 즉위	갑신 정변	갑오 개혁	대한 제국

① (가) - 홍범 14조를 반포하는 고종
② (가) - 군대 해산에 반발하여 일어선 의병들
③ (나) - 척화비를 세울 것을 명하는 흥선대원군
④ (다) - 일본 낭인들에게 시해되는 명성황후

02 대한제국기 열강의 경제 침탈과 개혁 운동

□□
01 발생 시기 순서대로 나열할 때 괄호 안에 들어갈 사건으로 옳은 것은?

> 을미사변 – 아관파천 – (   ) – 대한제국 수립

① 단발령 공포
② 독립협회 결성
③ 홍범 14조 반포
④ 춘생문 사건 발발

01 ① 단발령 공포(1895.8.)
② 독립협회 결성(1896.7.)
③ 홍범 14조 반포(1895.1.)
④ 춘생문 사건(1895.11.)
을미사변(1895.8.), 아관파천(1896.2.), 대한제국의 선포(1897.10.)

□□
02 대한제국의 개혁에 대한 설명으로 옳은 것은?

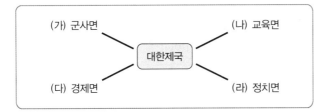

① (가) – 친위대와 진위대를 설치하였다.
② (나) – 교육입국조서를 반포하고 소학교를 세웠다.
③ (다) – 은본위제 화폐 제도를 채택하였다.
④ (라) – 군주권의 무한함을 밝힌 대한국 국제를 제정하였다.

02 자료는 대한제국의 여러 정책을 도식화한 것이다. 양전을 실시하고 지계를 발급한 정부는 대한제국으로 대한제국의 헌법이라 할 수 있는 군주권의 무한함을 밝힌 대한국 국제를 제정하였다.
① 을미개혁
② 2차 갑오개혁
③ 1차 갑오개혁

정답 01 ② 02 ④

03 ㉠ 14개조 정강(1884, 갑신정변)
　　㉡ 홍범 14조(1894, 갑오개혁)
　　㉣ 헌의 6조(1898, 독립협회)
　　㉢ 대한국 국제(1899, 대한제국)

☐☐
03 다음은 근대 개혁 방안에 관한 자료이다. 이를 시기순으로 바르게 나열한 것은?

> ㉠ 청에 대한 조공을 폐지하고 재정은 호조에서 관할하도록 하였다.
> ㉡ 왕실 사무와 국정 사무를 모름지기 나누어 서로 뒤섞지 아니한다.
> ㉢ 대한국 대황제는 육해군을 통솔하고 편제를 정하며 계엄과 해엄을 명한다.
> ㉣ 재정은 모두 탁지부에서 전담하여 맡고, 예산과 결산은 인민에게 공포한다.

① ㉠ - ㉡ - ㉢ - ㉣
② ㉠ - ㉡ - ㉣ - ㉢
③ ㉡ - ㉠ - ㉢ - ㉣
④ ㉡ - ㉠ - ㉣ - ㉢

04 국채보상운동(1907)은 서상돈, 김광제 등이 국채 보상금을 모금하기 위해 대구에서 개최한 국민 대회를 계기로 시작되었으며, 금연, 패물 처분 등의 방법으로 기금을 조성하여 민간 차원에서 국채를 갚고 경제적 자립을 이루자는 운동이 급속도로 전국에 확산되었다.
서울에서는 국채보상기성회가 조직되어 전 국민의 호응을 얻었으며, 대한매일신보·황성신문·제국신문 등의 언론기관도 동참하였다. 즉, 국채보상운동에는 대한매일신보, 대한자강회 등이 적극적으로 참여하였다.
① 1904년 보안회
② 1920년 물산장려운동
④ 1905년 메가타에 의한 화폐정리사업이 진행되었다.

☐☐
04 다음과 같은 취지로 전개된 운동에 관한 설명으로 가장 옳은 것은?

> 국채 1,300만 원은 나라의 존망과 관계한다. 갚으면 나라가 살고 갚지 못하면 망하는 것은 시대의 대세이다. 현재 국고로는 이 국채를 갚기 어려운 즉, 삼천리 강토가 자칫 우리나라와 백성의 것이 아니 될 위험에 처하게 되었다.

① 일제의 황무지 개간권 요구에 반대하여 일어났다.
② 조만식 등이 중심이 되어 평양에서 운동을 시작하였다.
③ 대한매일신보 등의 적극적 홍보에 힘입어 전국으로 확산되었다.
④ 일제는 화폐정리사업을 실시하여 이 운동의 확산을 막으려 하였다.

정답　03 ②　04 ③

05 철도의 등장에 따라 생활에도 많은 변화가 있었다. 그 시기에 볼 수 있었던 모습으로 적절한 것은?

① 단발령 실시에 반발하는 유생들

② 전차를 타고 종로 거리를 지나는 학생들

③ 별기군과의 차별에 분개하는 구식 군인들

④ 고종의 환궁을 요구하는 협회 회원들

05 경인선은 1899년에 개통되었고 이 시기에는 전차(1899, 서대문 ~ 청량리)가 운행되고 있었다.
① 1895년 을미의병
③ 1882년 임오군란
④ 1897년 독립협회

06 다음 내용과 같은 요구에 대항하여 민족 운동을 전개한 단체는?

> • 대한제국의 궁내부는 전국 13도의 공유, 사유 외에 산림, 천택, 진황폐지의 개척을 일본인 나가모리에게 특허해야 한다. 단, 현재 왕실이나 관청이 소유한 개간된 땅이나 소유관계가 명백한 민유지는 제외한다.
> • 나가모리는 해당 특허에 기인하여 자기의 재산으로서 전 조의 황무지를 개척하되, 개간지는 5년 후에야 세금으로 궁내부로 납부한다.

① 보안회

② 신민회

③ 신간회

④ 황국협회

06 황무지 개간권 요구에 맞서 저항한 단체는 1904년 보안회이다.

정답 05 ② 06 ①

07 신민회는 안창호, 양기탁 등이 중심이 되어 1907년에 설립된 항일 비밀 결사로써 실력 양성을 통한 국권 회복과 공화정체의 국민 국가 수립을 궁극의 목표로 하였다. 민족 교육 추진을 위한 대성학교와 오산학교를 설립하여 인재를 양성하였고, 민족 산업 육성을 위한 자기회사(평양)와 태극서관(대구)을 설립하여 운영하여 독립 자금을 마련하였다. 또한, 무장투쟁의 필요성을 제기하여 국외에 독립운동기지를 건설(남만주, 삼원보)하였다. 한편, 의열단은 조선총독부, 경찰서, 동양척식주식회사 등 식민지배 기구의 파괴, 조선총독부 고위관리와 친일파 처단을 목표로 1920년대 활발한 독립운동을 하였다.

☐☐
07 다음 내용과 관련 있는 독립운동단체에 대한 설명이 <u>아닌</u> 것은?

> • 이 단체의 중심인물은 안창호, 양기탁, 신채호 등이다.
> • 공화정체의 근대국가 수립을 목적으로 했다.
> • 일제가 날조한 105인 사건으로 국내 조직이 해체되었다.

① 국내의 요인 암살, 식민 통치 기관 파괴 활동을 전개하였다.
② 자기회사·태극서관을 설립하여 민족 산업 육성에 노력하였다.
③ 대성학교와 오산학교를 세워 민족 교육을 실시하였다.
④ 이회영 형제의 헌신으로 남만주에 독립운동기지를 건설하였다.

08 자료는 1890년대 상권 수호 운동이다. 1882년 조청상민수륙무역장정을 체결한 이후, 청국 상인들과 일본 상인들이 조선의 상권을 침식해 가자 이에 반발한 서울 상인들은 철시하고 외국 상점들의 서울 퇴거를 요구하였다.
② 조미수호통상조약 체결 이후에 민영익을 전권대사로 하여 최초의 구미사절단인 보빙사를 파견하였다(1883).
③ 김홍집 내각은 군국기무처를 설치하고, 정치·경제·사회·문화 등 국가의 주요 정책에 대한 자주적인 개혁을 추진하였다(1894).
④ 운요호 사건의 결과로 조선은 포함의 위협 하에 일본과 강화도조약을 맺어 문호를 개방하게 되었다(1876).

☐☐
08 다음과 같은 상황이 발생한 직접적 계기로 옳은 것은?

> • 외국 상인의 내륙 진출 허용을 즉각 폐지하라!
> • 외국 상인들은 물러가라!

① 조청상민수륙무역장정이 체결되었다.
② 미국에 파견되었던 보빙사가 귀국하였다.
③ 군국기무처를 중심으로 개혁 정책을 실시하였다.
④ 일본이 운요호 사건을 구실로 개항을 강요하였다.

정답 07 ① 08 ①

03 국권 피탈과 국권 회복 운동

01 개화기의 언론에 대한 설명으로 옳지 <u>않은</u> 것은?

① 황성신문은 국 · 한문 혼용으로 발간되었고, '시일야방성대곡'을 게재하였다.

② 우리나라 최초의 신문인 제국신문은 관보의 성격을 띠고 10일에 한 번 한문으로 발행되었다.

③ 독립신문은 한글과 영문을 사용하였으며, 근대적 지식 보급과 국권 · 민권 사상을 고취하였다.

④ 영국인 베델을 발행인으로 내세운 대한매일신보는 양기탁을 중심으로 국채보상운동에 앞장섰다.

02 밑줄 친 종교 단체에 대한 설명으로 옳은 것은?

> 나철, 오기호 등이 민족 신앙을 발전시켜 1909년에 창시한 이 종교는 만주 지역에서 항일 독립운동에 공헌하였다. 이들은 독립운동 단체인 중광단을 조직하였으며, 이를 확대 · 개편하여 북로군정서군을 설립하였다.

① 허례 폐지, 미신 타파 등 새생활 운동을 전개하였다.

② 동학을 계승한 종교로 제2의 3 · 1 운동을 계획하였다.

③ 항일 운동 단체인 의민단을 조직하여 발전시켰다.

④ 단군숭배 사상을 통해 민족의식을 높였다.

01 조선의 관보로써 최초의 신문인 한성순보(1883 ~ 1884)는 박영효 등 개화파의 영향으로 박문국에서 10일에 한 번 발행하였다.
한성순보는 정부 관료를 대상으로 하였던 순 한문 신문으로 개화 정책의 취지를 설명하였고, 국내외 정세를 소개하는 데 힘썼다. 제국신문(1898 ~ 1910)은 이종일이 창간하였다.

02 나철이 창시하고 중광단, 북로 군정서 등을 조직한 종교는 대종교로 단군숭배 사상을 통해 민족의식을 높였다.
① 원불교
② 3대 동학 교주 손병희가 개명한 천도교
③ 천주교

정답 01 ② 02 ④

03 시모노세키 조약(1895.4.)은 청일전쟁의 결과로 체결된 조약으로 청은 조선에 대한 권한을 부정당하였으며, 요동 반도와 타이완을 일본에 할양하고 배상금 2억 냥을 지불하였다.

03 다음 중 일본의 한반도 지배를 인정한 국제적 합의에 해당하지 않는 것은?

① 포츠머스 조약

② 시모노세키 조약

③ 제2차 영·일 동맹

④ 가쓰라·태프트 밀약

04 이 조약은 을사늑약(1905)이다. 을사늑약이 체결되자 신돌석이 을사의병을 일으켰고 고종이 헤이그에 특사를 파견하였으며 나철 등이 5적 암살단을 조직하였고 민영환 등이 자결하였다.
독립협회는 을사늑약 이전의 단체로 서재필, 윤치호 등 개혁적 정부 관료와 다양한 계층이 참여하여 단체를 설립하였다(1896.7.)

04 밑줄 친 '이 조약'에 대한 우리 민족의 대응으로 옳지 않은 것은?

이 조약은 일본과 같은 문명국이 도덕적으로 비열한 방법과 물리적인 강박에 의하여 한국 정부에 강요하여 체결되었다. … 대신들은 조약에 서명하였지만, 황제는 즉시 강대국에 대표를 보내어 가해진 강박에 대하여 맹렬히 이의를 제기하였다.

① 나철, 오기호 등이 5적 암살단을 조직하였다.

② 민영환, 조병세 등을 비롯한 지사들이 자결로써 항거하였다.

③ 고종은 제2차 만국평화회의에 특사를 파견하였다.

④ 서재필이 독립협회를 조직하여 국권 회복 운동을 전개하였다.

정답 03② 04④

05 다음 사건들을 발생 순서대로 옳게 나열한 것은?

> ㉠ 일본은 러시아로부터 한국에 대한 지도 · 보호 및 감독의 권리를 인정받았다.
> ㉡ 미국은 한국에서 일본의 보호권 확립을, 일본은 미국의 필리핀 지배를 인정하였다.
> ㉢ 일본은 한국의 외교권을 박탈하고 통감부를 설치하였다.
> ㉣ 영국은 한국에서 일본의 특수 이익을, 일본은 영국의 인도 지배를 서로 승인하였다.

① ㉠ - ㉡ - ㉢ - ㉣
② ㉡ - ㉣ - ㉠ - ㉢
③ ㉢ - ㉠ - ㉡ - ㉣
④ ㉣ - ㉡ - ㉠ - ㉢

05 ㉡ 가쓰라 · 태프트 밀약(1905.7.)
㉣ 제2차 영 · 일 동맹(1905.8.)
㉠ 포츠머스 강화 조약(1905.9.)
㉢ 제2차 한일협약(1905.11.)

06 다음 내용과 공통적으로 관련된 단체에 대한 설명으로 옳은 것은?

> • 안창호
> • 대성학교의 교사와 학생
> • 105인 사건으로 인하여 해체

① 의회 설립 운동을 전개하였다.
② 고종 퇴위 반대 운동을 전개하였다.
③ 광주학생항일운동의 진상을 조사하였다.
④ 공화정체의 근대 국민 국가 수립을 지향하였다.

06 안창호가 주도해서 만든 신민회는 대성학교를 세우고 공화정을 지향하였으나 105인 사건으로 해체되었다.
① 독립협회는 1898년 중추원 관제를 반포하여 의회 설립 운동을 추진하였다.
② 대한자강회(1906)는 일제가 취한 고종황제의 강제 퇴위와 그 밖의 정미 7조약 등의 반대 운동을 주도하였다.
③ 신간회의 광주지회에서는 광주학생항일운동(1929) 당시 진상 조사단을 파견하여 지원하였다.

정답 05 ② 06 ④

04 일제의 무단통치와 3·1 운동

01 일제는 사회주의 독립운동을 탄압하기 위하여 국내 치안 유지를 빙자해 치안유지법을 제정·공포하였다(1925).
① 일제는 1910년대에 토지조사령(1912)을 발표하여 토지조사사업을 실시하였다.
② 태형령은 일제가 한국인을 억압하고 통제하기 위하여 1912년에 제정하고 1920년에 폐기하였다.
④ 일제는 한국인의 회사 설립을 억제하고 민족 자본의 성장을 저지하기 위하여 회사 설립 시 총독부의 허가를 받도록 하는 회사령을 공포하였다(1910).

01 다음 중 일제가 1910년대에 실행한 식민 통치 방식에 해당하지 <u>않는</u> 것은?

① 토지조사령을 공포한 후 전국적인 토지조사사업을 실시하였다.
② 조선 태형령을 제정하여 갑오개혁 때 폐지된 태형제도를 부활시켰다.
③ 치안유지법을 적용하여 한국인에 대한 사상적 탄압과 감시를 강화하였다.
④ 회사령을 제정하여 총독의 허가를 받아야 회사를 설립할 수 있게 하였다.

02 1910년대에 시행된 토지조사사업이다. 토지조사사업으로 자영농이 감소하고 소작농이 증가하였으며 농민들이 관습적으로 누려왔던 경작권 등을 인정받지 못하였다. 또한, 일본 농민의 한국 이주를 장려하는 효과를 거두었다.
① 1910년 회사령
② 지주는 감소하고 소작 일손은 증가하였다.
③ 1920년대 산미증식계획

02 일제 강점기에 실시된 다음 정책이 가져온 결과로 가장 적절한 것은?

> 제4조 토지의 소유자는 조선 총독이 정하는 기간 내에 그 주소, 성명·명칭 및 소유지의 소재, 지목, 자번호, 사표, 등급, 지적, 결수를 임시토지조사국장에게 신고하여야 한다. 다만, 국유지는 보관관청에서 임시토지조사국장에게 통지하여야 한다.
> 『조선총독부 관보』, 1912.8.13.

① 민족 자본가의 기업 활동이 억제되었다.
② 자영농이 증가하고 소작농은 감소하였다.
③ 수리 시설이 확충되면서 쌀 생산량이 늘어났다.
④ 농민들이 누려왔던 경작권을 인정받지 못하였다.

정답 01 ③ 02 ④

03 다음 단체에 대한 설명으로 가장 옳은 것은?

> 임병찬은 고종의 지시로 독립 의군부를 몰래 조직하였다. 그는 안으로 의롭고 용감한 사람들을 선발하여 기회를 보아 조선의 독립을 선언하고, 밖으로는 문명 열강의 도움을 받아 독립을 회복하려 하였다.

① 공화정체의 국가 수립을 목표로 하였다.
② 민족 자본의 육성을 강조하였다.
③ 의병 운동을 계승한 비밀결사였다.
④ 의연금을 받아 군자금을 확보하였다.

04 다음은 박은식이 저술한 한국독립운동지혈사의 일부분이다. 여기에서 언급된 사건과 관련된 설명으로 옳지 <u>않은</u> 것은?

> 만세시위가 확산되자, 일제는 헌병경찰은 물론이고 군인까지 긴급 출동시켜 시위 군중을 무차별 살상하였다. 정주, 사천, 맹산, 수안, 남원, 합천 등지에는 일본 군경의 총격으로 수십 명의 사상자를 냈으며, 화성 제암리에서는 전 주민을 교회에 집합, 감금하고 불을 질러 학살하였다.

① 순종의 독살설이 유포되어 전개된 민족의 독립운동이었다.
② 독립운동의 중요한 분기점이 된 대규모의 만세운동이었다.
③ 세계 약소민족의 독립운동에도 커다란 자극을 주었다.
④ 일제는 무단통치를 이른바 '문화통치'로 바꾸었다.

---

03 독립 의군부(1912)는 유생 의병장 출신의 임병찬이 고종의 밀명을 받아 유생과 의병을 규합하여 조직하였다.
① 신민회는 안창호, 양기탁 등이 중심이 되어 1907년에 설립된 항일 비밀결사로써 실력 양성을 통한 국권 회복과 공화정체의 국민 국가 수립을 궁극의 목표로 하였다.
② 대한민국 임시정부(1919)는 민족 자본을 육성하여 독립자본을 확보하기 위해 노력하였다.
④ 대한 광복회(1915)는 국외 독립 운동기지 건설을 위해 각지의 부호에게 의연금을 납부하게 하는 등 군자금 모집 활동을 전개하였고, 대한인국민회(1910)는 각종 의연금을 거두어 대한민국 임시정부(1919)에 송금하였다.

04 자료는 3 · 1 운동을 나타내고 있다. 우리 민족은 고종의 인산일을 기하여 1919년 3월 1일 평화적인 만세운동을 시작하였다. 3 · 1 운동은 처음에 대도시를 중심으로 학생과 지식인이 중심이 되어 비폭력 운동으로 진행되었는데, 일제는 제암리 학살 등을 저지르며 가혹하게 탄압하였다. 한편, 6 · 10 만세운동은 순종의 독살설 유포로 인하여 전개되었고, 3 · 1 운동은 고종의 독살설이 유포되어 전개되었다.

정답 (03 ③ 04 ①)

05 자료는 3·1 운동 당시 발표된 기미 독립 선언문으로 3·1 운동은 중국, 인도 등 아시아의 반제국주의 민족 운동에 영향을 주었다.
① · ② 6·10 만세운동
③ 광무개혁

□□
05 다음 자료와 관련된 민족 운동에 대한 설명으로 옳은 것은?

> 우리 조선은 이에 우리 조선이 독립한 나라임과 조선 사람이 자주적인 민족임을 선언한다. … 아아! 새 천지가 눈앞에 펼쳐지는 도다. 힘의 시대가 가고 도의 시대가 오는 도다. 지난 온 세기에 갈고 닦아 키우고 기른 인도의 정신이 바야흐로 새 문명의 밝아오는 빛을 인류의 역사에 쏘아 비추기 시작하는 도다. 새 봄이 온누리에 찾아들어 만물의 소생을 재촉하는 도다 … 우리가 이에 떨쳐 일어선다.

① 순종의 인산일을 기해 일어났다.
② 민족 유일당 운동을 촉발하는 계기가 되었다.
③ 전제군주제 확립을 통한 근대 주권 국가 수립을 위해 노력하였다.
④ 아시아의 반제국주의 민족 운동에 영향을 주었다.

06 1926년 6·10 만세운동은 민족주의계와 사회주의계의 갈등을 극복하는 계기가 되었고, 이는 민족 유일당 운동으로 이어져 신간회 결성(1927)에 영향을 주었다.
① 1919년 3·1 운동에 대한 비인간적인 탄압으로 국제 여론이 악화되자 가혹한 식민 통치를 은폐하기 위하여 1910년대의 헌병무단 통치를 기만적인 문화통치로 바꾸어 시행하였다.
② 1919년 3·1 운동 이후 독립운동의 구심점 역할을 수행할 지도부의 필요성을 절감하였기에 상하이에 대한민국 임시정부를 수립하였다.
④ 1919년 3·1 운동 이후 비폭력적 독립운동의 한계를 반성하면서 무장독립운동을 활성화하기 위해 간도와 연해주 지역에 수많은 독립군 단체를 조직하였다.

정답 05 ④ 06 ③

□□
06 다음 중 3·1 운동의 영향에 대한 설명으로 옳지 <u>않은</u> 것은?

① 일제가 교활한 '문화통치'를 표방하게 되었다.
② 이를 계기로 대한민국 임시정부가 수립되었다.
③ 국내외에서 민족 유일당 운동이 촉발되는 계기가 되었다.
④ 해외의 무장독립투쟁이 더욱 치열하게 전개되었다.

05 일제의 기만적 문화통치와 민족 해방 운동

□□
01 다음과 같은 주장을 한 단체가 결성된 해에 전개된 사건은?

> 민족주의 세력에 대하여는 그 부르주아 민주주의적 성질을 분명히 인식함과 동시에 과정상의 동맹자적 성질도 충분하게 승인하여, 그것이 타락되지 않는 한 적극적으로 제휴하여 대중의 개량적 이익을 위해서도 종래의 소극적인 태도를 버리고 싸워야 할 것이다.

① 신간회의 결성
② 6·10 만세운동
③ 광주학생항일운동
④ 홍커우공원 폭탄 투척

□□
02 다음 자료를 통해 알 수 있는 단체에 대한 설명으로 옳은 것은?

[○○ 창립 취지문]

우리 사회를 위하여 분투하려면 우선 조선 자매 전체의 역량을 공고히 단결하여 운동을 전반적으로 전개하지 아니하면 아니 된다. 일어나라! 오너라! 단결하자! 분투하자! 조선의 자매들아!

① 6·10 만세운동을 적극 지원하였다.
② 차별 교육에 반대하여 민립 대학 설립 운동을 전개하였다.
③ 초대 회장은 숭의여학교 교사로 군자금 모집 활동을 전개하였다.
④ 신간회와 연계하여 활동하였다.

01 자료는 정우회 선언(1926)이다. 사상 단체인 정우회는 조선 공산당의 표면 단체로 분파 투쟁의 청산, 사상 단체의 통일, 경제 투쟁에서 정치 투쟁으로의 전환 등을 주장하여 비타협적 민족주의 세력과 사회주의 세력 간의 협동체인 신간회 창립의 중요한 계기가 되었다.
① 신간회(1927)
② 6·10 만세운동(1926)
③ 광주학생항일운동(1929)
④ 윤봉길 의거(1932)

02 제시된 자료는 근우회의 창립 취지문이다. 1927년 근우회는 여성계의 민족 유일당 운동이었다. 근우회는 강연회와 토론회, 야학 설치 등을 통하여 여성 의식의 계몽에 앞장서고, 노동 여성의 조직화에 노력하였다. 이외에도 광주학생항일운동의 후속으로 일어난 여학생 주도의 시위운동에 깊이 관여하여 동맹 휴학을 지원하기도 하였으며, 신간회의 자매 단체 역할을 하였다.
① 학생과 사회주의계가 주도하였다(1926).
② 조선교육회가 창립하여 주도하였다(1920).
③ 1913년 송죽회의 초대 회장 김경희에 대한 설명이다.

정답 01 ② 02 ④

03 자료는 3 · 1 운동 이후 부임한 사이토 마코토 3대 총독이 1920년경에 발표한 것이다. 이것으로 1920년대 문화통치 시기의 정책의 바탕이 되었고 친일 인물 육성책으로 이광수, 최린 등 타협적 민족주의자들이 등장하였다.
① 1929년 원산 노동자 총파업
② 1910년대 무단통치기
③ 1924년 민립 대학 설립 운동을 막기 위한 경성대학의 설립
④ 1919년에 조직하여 1920년대 왕성한 활동

04 대한민국 임시정부에서는 1923년 국민대표회의를 열었는데 임시정부의 조직만 바꾸자는 (가) 개조파와 임시정부를 해체하고 새로운 정부를 수립하자는 (나) 창조파 및 현행 임시정부를 유지하자는 (다) 현상유지파로 대립하였다.
(나) 창조파에는 박용만, 박은식, 이동휘, 신채호 등이 참여하여 임시정부를 해체하고, 연해주에 새로운 조선공화국 수립하자는 입장을 주장하였다.
① (나) 창조파는 국민대표회의의 개최를 처음 요구하였다.
③ (나) 창조파는 연해주 지역에서 활동하던 인물들을 중심으로 구성되었다.
④ (다) 현상유지파는 국민대표회의의 결렬 이후 국무령 중심의 집단 지도 체제를 채택하여 운영하였다.

정답 03 ② 04 ②

03 다음과 같은 일제의 식민 통치 정책이 실시된 시기에 한국을 여행한 외국인이 볼 수 있는 광경이 <u>아닌</u> 것은?

> 1. 핵심적 친일 인물을 골라 귀족, 양반, 유생, 부호, 교육가, 종교가에 침투하여 계급과 사정을 참작하여 각종 친일 단체를 조직하게 한다.
> 2. 친일적 민간 유지들에게 편의와 원조를 주고, 수재 교육의 이름 아래 우수한 조선 청년들을 친일 분자로 양성한다.
>
> 사이토 마코토 총독,
> 『조선 민족 운동에 대한 대책』(일부)

① 원산에서 벌어진 노동자 총파업
② 토지조사사업을 실시하는 조선총독부
③ 경성제국대학에 입학한 아들의 축하 잔치를 벌이는 친일파 관리
④ 일제 식민통치기관에 폭탄을 던지는 의열단 단원

04 다음은 국민대표회의를 둘러싼 여러 정치 세력의 주장이다. (가) ~ (다)에 대한 설명으로 가장 옳은 것은?

정치 세력	주장
(가)	• 대한민국 임시정부 개조 • 민족주의 실력 양성
(나)	• 새로운 대한민국 임시정부 건설 • 무장투쟁 강조
(다)	• 임시정부 유지 • 국민대표회의 불참

① (가) – 국민대표회의의 개최를 처음 요구하였다.
② (나) – 박은식, 이동휘, 신채호 등이 참여하였다.
③ (다) – 연해주 지역에서 활동하던 인물들을 중심으로 구성되었다.
④ (가), (나) – 국무령 중심의 집단 지도 체제를 제기하였다.

05 자료에 언급된 민족 운동에 대한 설명으로 옳은 것은?

> 순종 황제의 인산일이다. 서울 거리는 장례 행렬을 보려고 지방에서 올라온 사람들로 말 그대로 인산인해를 이루었다. … 학생들이 전단을 배포하며 만세를 불렀다. 그들은 즉각 체포되어 경찰서로 연행되었다.
>
> 『○○○ 일기』

① 중국의 5 · 4 운동에 영향을 주었다.
② 민족자결주의에 고무되어 일어났다.
③ 학생들이 운동의 구심체 역할을 하였다.
④ 독립 선언서를 낭독하고 시위를 벌였다.

06 다음 자료가 원인이 되었던 사건으로 옳은 것은?

> … 나는 피가 머리로 역류하는 분노를 느꼈다. … 나는 박기옥의 댕기를 잡고 장난을 친 복전을 개찰구 밖 역전 광장에 불러 세우고 우선 점잖게 따졌다. … 그의 입에서 샌징이라는 말이 떨어지기가 무섭게 나의 주먹은 그 자의 면상에 날아가 작렬하였다.
>
> 『신동아』, 1929.9. 박준채

① 치안유지법의 제정
② 상하이 사변
③ 6 · 10 만세운동
④ 광주학생항일운동

05 1926년 순종의 인산일을 기회로 학생들이 중심이 되어 6 · 10 만세운동이 일어났다. 이 과정에서 학생들은 항일 민족 운동의 구심체로서 자신들의 역할을 자각하였다.
① · ② · ④는 3 · 1 운동에 대한 설명이다.

06 제시된 자료는 1929년에 일어난 광주학생항일운동과 관련된 것이다. 1920년대 후반 학생 운동은 더욱 조직화되고, 동맹 휴학도 전국적인 규모로 전개되었다.

정답 05 ③ 06 ④

07 대한제국 시기가 아닌 일제 강점기인 1920년대에 백정들은 형평운동을 전개하였다.
① 동학농민군은 칠반천인의 대우를 개선하고 백정이 쓰는 평량갓을 없애자고 주장하였다(폐정개혁안 제6조).
② 갑오개혁 때 신분제도가 폐지되어 평등사회였기 때문에 백정도 법제적으로는 권리를 인정받았으나 사회적으로는 계속 차별을 받았다.
④ 조선총독부는 백정 출신을 호적에 '도한'으로 써넣거나 붉은 점을 찍어 차별하였는데, '도한(屠漢)'은 조선시대 도축업, 유기 제조업, 육류 판매업 등을 주로 하며 생활하던 천민층 백정의 다른 이름이었다.

08 자료는 1923년 암태도 소작쟁의와 1929년 원산 노동자 총파업이다.
① 1934년 제2차 산미증식계획의 중단은 일본 본토의 농민 보호를 위해 중단하였다.
③ 1923년 백정 차별 철폐를 주장하였다.
④ 1930년대 이후에는 농민·노동 운동이 항일 성격으로 변화하였다.

07 백정(白丁)과 관련된 역사적 사실에 대한 설명으로 옳지 <u>않은</u> 것은?
① 동학농민군은 폐정개혁안에서 백정이 쓰는 평량갓을 없애자고 주장하였다.
② 갑오개혁 때 신분제도가 폐지됨에 따라 백정도 평등한 지위를 얻었다.
③ 대한제국 시기에 백정들은 형평사를 창립하고 형평운동을 펼쳐 나갔다.
④ 총독부는 백정 출신을 호적에 '도한'으로 써넣거나 붉은 점을 찍어 차별하였다.

08 다음 자료와 관련된 운동에 대한 설명으로 옳은 것은?

• 전남 무안군 암태도에서는 70% 이상의 고율 소작료를 징수하던 지주 문재철의 횡포와 일제 경찰의 억압에 맞서 소작인회를 중심으로 뭉친 소작인들이 1년여에 걸친 투쟁을 전개하였다.
• 1928년 원산의 라이징 선 석유회사에 일본인 감독이 한국인 노동자를 구타하자 노동자들이 열악한 노동 조건 개선과 감독 파면을 요구하며 파업을 전개하였다.

① 일제의 산미증식계획이 중단되면서 종식되었다.
② 일제의 대륙 침략 이후에는 비합법적, 혁명적 조합이 주도하였다.
③ 조선 형평사가 조직되면서 전국적으로 확대되었다.
④ 민족 협동 노선의 해소 이후 생존권 투쟁의 성격이 강화되었다.

정답 07 ③ 08 ②

09 다음 사건들을 시간순으로 바르게 배열한 것은?

> ㉠ 6 · 10 만세운동
> ㉡ 암태도 소작쟁의
> ㉢ 원산 노동자 총파업

① ㉠ – ㉡ – ㉢
② ㉡ – ㉠ – ㉢
③ ㉡ – ㉢ – ㉠
④ ㉢ – ㉡ – ㉠

09 ㉡ 암태도 소작쟁의(1923)
　　㉠ 6 · 10 만세운동(1926)
　　㉢ 원산 노동자 총파업(1929)

10 다음 선언을 채택한 단체와 관련된 설명으로 옳지 <u>않은</u> 것은?

> … 강도 일본을 쫓아내려면 오직 혁명으로만 가능하며, 혁명이 아니고는 강도 일본을 쫓아낼 방법이 없는 바이다. … 우리의 민중을 깨우쳐 강도의 통치를 타도하고 우리 민족의 신생명을 개척하자면 양병 10만이 폭탄을 한 번 던진 것만 못하며, 천억 장의 신문, 잡지가 한 번의 폭동만 못할지니라. …
> 　　　　　　　　　　　　　　　『조선혁명선언』, 신채호

① 만주 길림에서 김원봉이 중심이 되어 조직하였다.
② 일제 요인 암살, 식민통치 기구 파괴를 활동 목표로 삼았다.
③ 이 단체의 소속원인 이봉창은 일왕의 처단을 시도하였다.
④ 이 단체의 소속원으로 김상옥, 김익상, 김지섭 등이 있다.

10 의열단은 김원봉이 만주 길림에서 비밀결사로 조직(1919)하였다. 이들은 신채호의 조선혁명선언(1923)을 행동강령으로 삼고, 조선총독부 · 경찰서 · 동양척식주식회사 등 식민지배 기구의 파괴 및 조선총독부 고위관리와 친일파 처단을 목표로 1920년대 활발한 독립운동을 전개하였다. 한편, 이봉창은 김구의 한인애국단 소속으로 도쿄에서 일본 국왕에게 폭탄을 투척하였다(1932.1.).

정답 09 ② 10 ③

11 자료는 신채호의 조선혁명선언(1923)으로 의열단의 행동강령이다. 의열단의 김원봉 요청을 받아 의열단 행동강령인 조선혁명선언을 작성하였다. 의열단원인 나석주는 동양척식주식회사와 조선식산은행에 폭탄을 투척한 후 다수의 일본인을 처단하였다(1926).
① 이재명은 명동성당에서 벨기에 황제 레오폴트 2세 추도식을 마치고 나오는 이완용을 찔러 복부와 어깨에 중상을 입히고 체포되었다(1909).
③ 장인환·전명운 의사는 통감부의 한국 통치를 찬양한 미국인 외교 고문 스티븐스를 샌프란시스코에서 처단하였다(1908).
④ 간도와 연해주에서 의병으로 활약하던 안중근은 만주 하얼빈역에서 한국 침략의 원흉인 초대 통감 이토 히로부미를 처단하였다(1909).

☐☐
11 다음 선언을 지침으로 삼았던 애국 단체의 활동에 대한 설명으로 옳은 것은?

> 우리는 '외교', '준비' 등의 미련한 꿈을 버리고 민중 직접 혁명의 수단을 취함을 선언하노라. 조선 민족의 생존을 유지하자면 강도 일본을 내쫓지며, 강도 일본을 내쫓지면 오직 혁명으로써 할 뿐이니, 혁명이 아니고는 강도 일본을 내쫓을 방법이 없는 바이다.

① 이재명이 이완용을 습격해 중상을 입혔다.
② 나석주가 동양척식주식회사에 폭탄을 투척하였다.
③ 장인환이 샌프란시스코에서 외교 고문 스티븐스를 처단하였다.
④ 안중근이 만주 하얼빈 역에서 이토 히로부미를 처단하였다.

12 상하이 사변(1932)에서 승리한 일본이 상하이 홍커우 공원에서 전승 축하식을 거행하자 한인 애국단 소속의 윤봉길은 식장을 폭파하였고, 많은 일본군 장성과 고관들을 처단하였다. 윤봉길 의거로 인해 중국 국민당 정부가 임시정부를 적극 지원하는 계기가 되었고 한국 광복군이 탄생될 수 있었다.
① 신간회 결성(1927)
③ 민족 유일당 운동(1920년대)
④ 미쓰야 협정(1925).

☐☐
12 밑줄 친 '그'가 일으킨 사건의 영향에 대한 설명으로 옳은 것은?

> 일본은 시라카와(白川) 대장을 사령관으로 삼아 중국과의 전쟁을 승리로 이끌었다. … 그는 이 해 봄 야채상으로 가장하여 일본군의 정보를 탐지한 뒤, 4월 29일 이른바 천장절 겸 전승축하기념식에 폭탄을 투척하기로 하였다. 식장에 참석하여 수류탄을 투척함으로써 파견군사령관 시라카와, 일본거류민단장 가와바다 등은 즉사하였다.

① 이를 계기로 신간회가 결성되었다.
② 한국 광복군 형성의 기초가 되었다.
③ 민족 유일당 운동의 계기가 되었다.
④ 미쓰야 협정이 체결되는 계기가 되었다.

정답 11 ② 12 ②

13 지도의 (가) ~ (라) 지역에서 있었던 역사적 사실을 설명한 것으로 옳지 <u>않은</u> 것은?

① (가) – 안중근이 이토 히로부미를 처단하였다.
② (나) – 대한독립군단을 조직하여 독립군들은 재정비하였다.
③ (다) – 이상설 중심의 성명회가 조직되었다.
④ (라) – 독립군이 적색군에게 무장해제 당하였다.

14 다음 선언과 관련된 단체에 대한 설명으로 옳은 것은?

> 공평은 사회의 근본이고 애정인 인류의 본령이다. 그런 고로 우리들은 계급을 타파하고 모욕적 칭호를 폐지하여 교육을 장려하며 우리들도 참다운 인간이 되는 것을 기하고자 한다.

① 어린이날을 제정하고 잡지 『어린이』를 발간하였다.
② 조선공산당을 중심으로 사회주의 운동을 전개하였다.
③ 백정의 평등한 대우를 요구하는 형평운동을 일으켰다.
④ 정치적 · 경제적 각성을 촉구하며 기회주의를 배격하였다.

13 1921년 소련에서의 자유시 참변이다. 소련 영내 자유시로 이동한 독립군은 소련 적색군을 도와 백색군에 대항하였으나, 소련 적색군에게 이용당하고 무장해제까지 당하는 등 많은 피해를 보았다.

14 자료는 조선 형평사 취지문이다. 백정들은 진주에서 이학찬을 중심으로 조선 형평사를 창립하고(1923), 평등한 대우를 요구하는 형평운동을 전개하였다. 1928년의 형평운동은 신분 해방 운동을 넘어서 민족 해방 운동의 성격까지 내포하게 되었다.
① 천도교 소년회는 어린이들에 대한 부모의 각성을 촉구하기 위해 전국을 돌며 강연을 했으며, 1922년 5월 1일 어린이날을 제정하였고, 잡지 『어린이』를 발간하였다.
② 형평운동은 신분 해방 성격이 강하였는데 사회주의 운동만이라고는 볼 수 없다.
④ 신간회는 기회주의를 배척하고 민족단결을 내세웠다.

정답 13④ 14③

06 전시하 일제의 수탈과 항일 무장 투쟁

01 신채호는 주로 고대사 연구에 치중하여 『조선상고사』, 『조선사연구초』 등을 저술하여 주체적으로 한국사를 정리함으로써 민족주의 역사학의 기반을 확립하였다. 화랑도의 낭가 사상을 중시하였으며, 대한매일신보에 독사신론을 발표하여 근대 민족주의 역사학의 방향을 제시하였다.
① 손진태는 왜곡된 한국사 연구에 반발하여 진단학회(1934)를 조직하였고 진단학보를 발행하는 등 한국사 연구에 노력하였다.
② 18C 실학자 유득공은 『발해고』(1784)에서 최초로 남북국시대를 주장하여 민족의 자주성을 높였다.
④ 박은식은 우리의 민족정신을 '혼'으로 파악하여 『한국통사』를 저술하였다.

01 다음 글을 쓴 사람에 관한 설명으로 가장 옳은 것은?

> 역사란 무엇이뇨. 인류사회의 아(我)와 비아(非我)의 투쟁이 시간에서 발전하여 공간까지 확대하는 심적 활동 상태의 기록이다.

① 진단학회를 결성하여 진단학보를 발행하였다.
② 발해를 한국사에 포함시켜 남북국시대론을 주장하였다.
③ 조선상고사를 저술하여 고대사 연구에 힘을 쏟았다.
④ 한국통사를 저술하여 일본의 침략과정을 논하였다.

02 자료는 한용운의 활동 사항이다. 한용운은 조선불교유신론에서 미신적 요소의 배격을 통해 불교의 쇄신을 주장하여 불교의 자주성 회복과 근대화를 위한 운동을 추진하였으며, 한국 불교를 일본 불교에 예속시키려는 총독부 정책에 맞서 민족종교의 전통을 지키려고 노력하였다.
① 신채호
② 김구, 김규식
③ 손병희(동학의 3대 교주)

02 자료와 관련된 인물에 대한 설명으로 옳은 것은?

> 〈님의 침묵〉
> 님은 갔습니다. / 아아, 사랑하는 나의 님은 갔습니다.
> …
> 날카로운 첫 키스의 추억은 / 나의 운명의 지침을 돌려놓고 뒷걸음쳐서 사라졌습니다.

① 조선혁명선언을 작성하여 독립운동을 활성화하였다.
② 광복 후 남북협상에 참여하였다.
③ 민족종교인 동학을 천도교로 개칭하였다.
④ 불교를 통한 청년 운동 강화에 노력하였다.

정답 01 ③ 02 ④

03 다음 내용에서 (가)에 대한 설명으로 가장 옳은 것은?

> 1932년 3월 12일, (가)와(과) 중국 의용군의 한 · 중 연합군은 영릉가 뒷산에 대기하고 있다가 일본군을 요격하여 수 시간의 격전을 벌였다. 적은 마침내 30여 명의 사상자를 내고 일몰과 함께 패퇴하고 말았다.

① 양세봉을 총사령관으로 하여 남만주 지역에서 활동하였다.
② 지청천의 지휘 아래 북만주와 간도 일대에서 주로 활약하였다.
③ 김두봉을 위원장으로 한 조선 독립 동맹의 산하 무장 단체로 조직되었다.
④ 대한민국 임시정부가 창설한 군대로 연합군과 함께 대일전에 참전하였다.

03 국민부 계열의 조선 혁명군(총사령관, 양세봉)은 1929년 남만주에서 창설되었다. 조선 혁명군은 남만주 일대에서 중국 의용군과 연합 작전을 전개하여 영릉가 전투(1932), 흥경성 전투(1933) 등에서 일본군을 크게 격파하였다.
② 혁신의회 계열의 한국 독립군은 북만주 일대에서 중국 호로군과 연합 작전을 전개하여 쌍성보(1932) · 대전자령 전투(1933) 등을 전개하였다.
③ 조선 의용군(1942)은 중국 공산당의 팔로군과 함께 호가장 전투(1941)를 수행하는 등 항일 독립 전쟁을 전개하였다.
④ 한국 광복군은 충칭에서 창설(1940)하여 항일 무장 투쟁을 전개하였다.

04 대한민국 임시정부는 1940년 충칭에서 한국 광복군을 창설하였는데, 이와 관련된 설명으로 옳지 <u>않은</u> 것은?

① 총사령관에 이청천, 참모장에 이범석을 선임하였다.
② 영국군의 요청으로 일부 병력을 인도와 버마 전선에 참전시켰다.
③ 미국 전략정보처와 협력하면서 국내 진공을 준비하였다.
④ 조선 의용군과 연합하여 일본에 대해 선전포고를 하였다.

04 조선 의용대는 1942년 한국 광복군에 편입되었고, 이후 조선 의용대 잔여세력은 화북지역(옌안)으로 이동하여 1942년 조선 의용군으로 개편하였다. 한국 광복군의 대일 선전포고는 1941년에 있었다.

정답 03 ① 04 ④

05 중일전쟁(1937) 직후 중국 국민당 정
부의 도움을 받아, 조선 민족 혁명당
의 김원봉이 한커우에서 조선 의용
대를 결성하였고(1938), 중국 국민
당 정부군과 협력하여 양쯔강 중류
일대에서 활발한 항일 투쟁을 전개
하였다.
① 대한독립군단은 적색군(적군)의
배신으로 자유시에서 피해를 입
었다(1921).
③ 양세봉을 총사령관으로 조직한 조
선 혁명군은 국민부 산하 부대로
남만주 일대에서 중국 의용군과
연합 작전을 전개하여 영릉가 · 흥
경성 전투 등에서 승리하였다.
④ 지청천을 총사령관으로 조직한
한국 독립군은 혁신의회 산하 부
대로 북만주 일대에서 중국 호로
군과 연합 작전을 전개하여 쌍성
보 · 대전자령 전투 등에서 승리
하였다.

06 ㉠ 간도 참변(1920.10. ~ 1921.4. 경
신 참변)
㉢ 국민대표회의(1923.1. ~ 1923.6.)
㉣ 미쓰야 협정(1925)
㉡ 광주학생항일운동(1929)

05 밑줄 친 '이 부대'에 대한 설명으로 옳은 것은?

> 중국 한커우[漢口]에서 이 부대가 조직되었다. 부대는 1개
> 총대, 3개 분대로 편성되었는데 100여 명의 대원은 대부분
> 조선 민족혁명당원이다. 총대장은 황포 군관 학교 제4기 출
> 신인 진국빈이며, 부대는 대일 선전 공작과 대일 유격전을
> 수행함을 목적으로 하였다.

① 자유시 참변으로 피해를 입었다.
② 일부 대원이 한국 광복군에 편입되었다.
③ 3부 통합으로 성립된 국민부 산하의 군대였다.
④ 쌍성보, 대전자령 등에서 일본군을 격파하였다.

06 다음 사건을 시대순으로 가장 적절하게 나열한 것은?

> ㉠ 일본군이 간도 참변을 일으켜 우리 동포를 학살하였다.
> ㉡ 한 · 일 학생 간의 충돌 사건을 계기로 광주학생항일운동
> 이 일어났다.
> ㉢ 대한민국 임시정부는 국내외의 독립운동 상황을 점검하
> 고 새로운 활로를 모색하기 위하여 상하이에서 국민대표
> 회의를 열었다.
> ㉣ 일제와 만주 군벌 사이에 독립군의 탄압, 체포, 구속, 인
> 도에 관한 이른바 미쓰야 협정이 맺어짐으로써 독립군의
> 활동은 큰 위협을 받게 되었다.

① ㉠ - ㉢ - ㉣ - ㉡
② ㉠ - ㉢ - ㉡ - ㉣
③ ㉢ - ㉠ - ㉡ - ㉣
④ ㉢ - ㉠ - ㉣ - ㉡

정답 05 ② 06 ①

01 해방과 민족의 분단

□□
01 다음 중 한반도 전후 처리문제와 관련된 국제회의에 대한 설명 으로 옳은 것은?

> (가) 일본 정부에 무조건 항복을 요구한다.
> (나) 조선 민주주의 임시정부를 수립한다.
> (다) 한국을 적절한 시기에 독립시킬 것이다.

① (가) 모스크바 3국 외상 회의
② (나) 카이로 회담
③ (다) 얄타회담
④ (다)의 약속을 실현하기 위해 (나)에서 방안이 합의되었다.

01 (가)는 1945년 7월 미국, 영국, 소련 의 정상이 모여 일본의 무조건 항복 을 요구하였던 포츠담 회담이다.
(나)는 1945년 12월 모스크바에서 미 국, 영국, 소련의 외상들이 모여 열렸 던 '모스크바 3국 외상 회의'로 '임시 정부 수립, 신탁통치' 등이 결정되었 다. 즉, 모스크바 3국 외상 회의에서 는 한국을 적당한 시기에 독립시키 기 위해서 최고 5년간 4개국에 의한 신탁통치를 결정하였다.
(다)는 1943년 카이로에서 열렸던 회 담으로 미국, 영국, 중국이 참여하여 '적절한 시기에 한국을 독립시킬 것' 을 결의하였다.

□□
02 8·15 광복 직후 일어난 역사적 사실로 옳은 것은?

① 여운형은 조선 건국 동맹을 조직하였다.
② 대한민국 임시정부는 건국강령을 발표하였다.
③ 조선어학회는 우리말 큰사전 편찬을 시작하였다.
④ 모스크바 3상 회의에서 한반도 문제가 논의되었다.

02 광복 이후 38도선을 경계로 한반도가 이념적으로 분단되고, 남과 북에 미 군과 소련군의 군정이 실시되는 가운 데, 미국, 영국, 소련의 3국 외상은 모 스크바에서 회의를 열어 한반도 문제 를 협의하게 되었다(1945.12.).
① 여운형은 좌우익 합작 단체인 조 선 건국 동맹을 조직하였다(1944).
② 대한민국 임시정부는 조소앙의 삼균주의에 바탕을 둔 건국강령 을 발표하였다(1941).
③ 조선어학회(1931 ~ 1942)는 우 리말 큰사전의 편찬에 착수하였 으나, 일제의 방해로 성공하지 못 하였다.

정답 01 ④ 02 ④

03 1946년에는 이승만의 정읍 발언(남한만의 단독정부 수립 주장)에 반대하여 김규식(중도우파)과 여운형(중도좌파)은 좌우합작 위원회를 결성하여 합작운동을 추진하였다.
① 급진좌파인 조선 공산당의 반대가 심하였기 때문에 박헌영 등의 세력은 참여하지 않았다.
③ 중도좌파 세력인 여운형과 중도우파 세력인 안재홍 등이 주도하여 조직하였다.
④ 김규식, 여운형 등은 모스크바 3국 외상 회의의 결정을 지지하되, 신탁통치 문제는 정부 수립 후에 결정하자고 주장하였다.

03 다음과 같은 원칙에 합의한 단체에 대한 설명으로 옳은 것은?

> • 미·소 공동위원회 속개를 요청하는 공동 성명을 발표할 것
> • 친일파 및 민족반역자 처리 문제는 장차 구성될 입법기구에서 처리할 것

① 박헌영 등 좌익 세력의 지지를 받았다.
② 남한만의 단독정부 수립에 반대하였다.
③ 김구, 김규식 등이 주도하여 조직하였다.
④ 모스크바 3국 외상 회의의 결정을 반대하였다.

04 김구는 남한만의 선거로 단독정부가 수립되면 남북의 분단이 계속될 것을 우려하여 남북한이 협상을 통해서 총선거를 통한 통일 정부를 수립하자고 주장하였다(1948.3. 남북협상)
② 일제 강점기 임시정부 산하에 조선 의용대가 아닌 한국 광복군을 조직하였다.
③ 이승만
④ 여운형

04 밑줄 친 '나'에 대한 설명으로 옳은 것은?

> 우리가 기다리던 해방은 우리 국토를 양분하였으며, 앞으로는 그것을 영원히 양국의 영토로 만들 위험성을 내포하고 있다. … 나는 통일된 조국을 건설하려다가 38도선을 베고 쓰러질지언정 일신의 구차한 안일을 취하여 단독정부를 세우는 데에는 협력하지 아니하겠다.

① 통일 정부 수립을 위한 남북협상을 추진하였다.
② 일제 강점기 임시정부 산하에 조선 의용대를 조직하였다.
③ 미국에서 귀국한 후 독립 촉성 중앙 협의회를 구성하였다.
④ 조선 건국 준비 위원회를 조직하고 위원장으로 활동하였다.

정답 03 ② 04 ①

05 해방 이후 정부 수립 과정을 시대순으로 바르게 나열한 것은?

> ㉠ 좌우합작 7원칙 발표
> ㉡ 조선 인민 공화국 수립 선포
> ㉢ 모스크바 3국 외상 회의 개최
> ㉣ UN 소총회 결의에 따른 총선거 실시

① ㉠ – ㉡ – ㉢ – ㉣
② ㉡ – ㉢ – ㉠ – ㉣
③ ㉢ – ㉣ – ㉡ – ㉠
④ ㉡ – ㉣ – ㉢ – ㉠

06 다음 선거의 결과로 옳은 것은?

> 1948년 5월 10일에 실시된 총선거 당시 문맹률이 80%였다. 막대기의 수로 표시된 번호 아래 ○표를 찍는 방식으로 투표가 행해졌지만, 보통·평등·비밀·직접 선거의 4대 원칙에 따라 치러진 이 땅의 최초 선거였다.

① 내각 책임제 정부 수립
② 좌우합작 위원회 조직
③ 대한민국 제헌국회 구성
④ 미국과 소련에 의한 군정 실시

---

05 ㉡ 조선 인민 공화국 수립 선포
(1945.9.)
㉢ 모스크바 3국 외상 회의 개최
(1945.12.)
㉠ 좌우합작 7원칙 발표(1946.10.)
㉣ UN 소총회 결의에 따른 총선거
실시(1948.5.10.)

06 1948년 5월 10일 총선거의 결과로 대한민국 제헌국회가 구성되었고 이어 대한민국 정부가 수립되었다.
① 4·19 혁명 후 허정 과도정부에서는 내각 책임제와 민의원·참의원의 양원제 국회를 골자로 하는 헌법을 개정(1960.6. 3차 개헌)하여 총선거를 실시하였고, 윤보선을 대통령으로, 장면을 국무총리로 선출하였다(1960.8. 제2공화국).
② 중도우파 김규식과 중도좌파 여운형은 좌우합작 위원회를 결성(1946.7.)하여 합작운동을 추진하였고, 좌우합작 7원칙을 발표하였다(1946.10.).
④ 광복 직후인 1945년 9월 미 육군 총사령관 맥아더는 한반도에 미 군정청을 설치한다는 내용을 선포하였고, 남한에 주둔한 미군 아놀드를 군정 장관으로 하는 군정을 실시하였다.

정답 05 ② 06 ③

02 분단 체제의 고착화와 4월 혁명

01 ⓤ 낙동강 방어선 형성(1950.6.)
　　ⓔ 인천상륙작전(1950.9.)
　　ⓝ 중공군 참전(1950.10.)
　　ⓛ 1·4 후퇴(1951.1.)
　　ⓒ 정전 회담 개시(1951.7.)

☐☐
01 6·25 전쟁의 전개 과정에서 일어난 사건을 순서대로 옳게 나열한 것은?

> ⓝ 중공군 참전　　　　ⓛ 1·4 후퇴
> ⓒ 정전 회담 개시　　　ⓔ 인천상륙작전
> ⓤ 낙동강 방어선 형성

① ⓝ－ⓛ－ⓒ－ⓔ－ⓤ
② ⓛ－ⓒ－ⓔ－ⓤ－ⓝ
③ ⓔ－ⓝ－ⓒ－ⓤ－ⓛ
④ ⓤ－ⓔ－ⓝ－ⓛ－ⓒ

02 이승만 정부에서 시행한 농지개혁은 1949년에 법이 제정되었고 1950년에 시행되었다. 농지개혁은 경자유전의 원칙하에 산림과 임야를 제외한 3정보 이상의 농지를 가진 부재지주의 농지를 국가에서 유상 매입하고, 영세 농민에게 3정보를 한도로 유상 분배하여 5년간 수확량의 30%씩을 상환하도록 하였다. 한편, 광복 직후 미군정의 '최고 소작료 결정의 건(1945.9.)'에서는 소작료를 총 생산량의 3분의 1을 초과하지 못하도록 제한하였다.

☐☐
02 다음의 법령에 대한 설명으로 옳지 <u>않은</u> 것은?

> 제5조 정부는 다음에 의하여 농지를 취득한다.
> 2. 다음의 농지는 적당한 보상으로 정부가 매수한다.
> 　(가) 농가 아닌 자의 농지
> 　(나) 자경하지 않은 자의 토지
> 　(다) 본 법 규정의 한도를 초과하는 부분의 농지

① 소작료는 1/3제로 제한하였다.
② 유상 매수, 유상 분배를 원칙으로 하였다.
③ 가구당 농지 소유를 3정보 이내로 제한하였다.
④ 농지를 매각한 지주는 지가증권을 교부받았다.

정답 01 ④　02 ①

03 다음 자료에서 밑줄 친 '이 안건'의 내용으로 옳은 것은?

> 의장 : 재적 의원 203명에 202명이 표결에 참여하여 135명이 찬성하였지만, 2/3에 도달하지 않았으므로 <u>이 안건</u>은 부결되었음을 선포합니다.
> … 이틀 뒤 …
> 의장 : 203명의 2/3는 135.333…..이므로, 사사오입을 하면 135명입니다. 따라서 <u>이 안건</u>은 가결되었음을 정정하여 선포합니다.

① 최규하를 수반으로 하는 정부에서 통과되었다.

② 대통령을 직선제로 선출하며, 5년 단임제로 한다.

③ 내각 책임제와 양원제를 채택한다.

④ 초대 대통령에 한하여 연임 제한 규정을 폐지한다.

04 4 · 19 혁명과 관련된 설명으로 옳은 것은?

① 5 · 10 총선거가 남한에서 실시되어 제헌 의회가 구성되었다.

② 농지개혁이 실시되어 농민들은 자작농으로 발전하게 되었다.

③ 이후 남북통일 문제에 대한 논의가 전혀 이루어지지 않았다.

④ 과도정부가 출범하고, 내각 책임제를 내용으로 하는 헌법으로 개정되었다.

---

03 자료는 1954년에 있었던 사사오입 개헌이다. 자유당은 초대 대통령에 한하여 중임 제한 규정 폐지안건을 부정하게 통과시켰다.
  ① 사사오입 개헌은 이승만 정권에서 벌어졌다.
  ② 1987년 6월 민주항쟁 이후이다.
  ③ 제2공화국의 개정 헌법(제3차 개헌) 내용이다.

04 4 · 19 혁명 후, 사태 수습을 위해 허정을 내각 수반으로 하는 과도정부가 구성되었으며, 과도정부는 내각 책임제와 양원제를 골자로 헌법을 개정(3차 개헌)하고 총선거를 실시하였다.
  ① 1948년 5월 10일 남한만의 단독 선거가 실시되었고, 198명의 국회의원이 선출되어 제헌국회가 구성되었다(초대 국회의원, 임기 2년).
  ② 이승만 정부에서 추진한 농지개혁은 경자유전의 원칙을 기준으로 하여 유상 매수, 유상 분배의 자본주의적 방법으로 1950년 시행하였다.
  ③ 4 · 19 혁명 직후 학생들과 일부 정치인들을 중심으로 평화 통일 논의가 활발하게 추진되었다.

정답 03 ④ 04 ④

05 1950년대 후반 한국 정부는 미국의
    무상 원조로 밀, 면, 설탕을 공급받
    아, 제분공업, 제당공업과 섬유공업
    등 삼백 산업을 성장시켰고, 시멘트
    와 비료 등의 생산도 늘어갔다(이승
    만 정부).
    ① 제1차 경제개발 5개년 계획을
      1962년에 실시하였다.
    ② 국군을 베트남에 파견(1965 ~
      1973)하는 대가로 미국은 한국군
      현대화를 위한 장비와 경제 원조
      를 제공받았다.
    ④ 1965년 한일국교 정상화로 인하
      여 우리 정부는 일본정부로부터
      무상 3억 달러, 유상 3억 달러의
      차관을 제공받았다.

□□
05 **1960년대의 경제 상황에 대한 설명으로 옳지 않은 것은?**

    ① 제1차 경제 개발 5개년 계획이 추진되었다.
    ② 베트남 파병을 계기로 베트남 특수를 누리게 되었다.
    ③ 미국의 무상 원조가 경제 개발의 주요 재원으로 활용되었다.
    ④ 경제 건설에 필요한 재원 조달을 위해 한일협정이 체결되
      었다.

06 1950년 6월 25일 북한의 불법적인
    기습 남침으로 6 · 25 전쟁이 시작되
    었다.
    ① 인천상륙작전은 성공하였고, 국
      군과 유엔군은 그 기세를 이어가
      서 서울을 수복하고 평양과 압록
      강까지 북진하였다.
    ② 애치슨 선언은 1950년 1월에 있
      었고, 유엔은 전쟁이 발발한 직후
      대한민국 지원군 파병을 결정하
      였다.
    ③ 북한은 전쟁 발발 전 소련의 지원
      을 받아 군사력을 강화하였다.

□□
06 **6 · 25 전쟁에 대한 설명으로 옳은 것은?**

    ① 인천상륙작전은 성공하였지만, 국군과 유엔군이 계속 수세
      에 몰렸다.
    ② 유엔군은 애치슨 선언에 따라 전쟁의 참전을 유예하였다.
    ③ 북한은 전쟁 발발 전 소련과 미국의 지원을 받아 군사력을
      강화하였다.
    ④ 1950년 6월 25일 새벽, 북한군의 전면적인 남침으로 시작되
      었다.

정답 05 ③ 06 ④

03 군부 정권과 산업 근대화

01 다음 회담에 관한 설명으로 적절하지 않은 것은?

> ○○회담은 1965년 양국 외무 장관이 ○○협정에 서명함으로써 차관 제공에 합의를 보았다. … 한국의 근대화와 경제 발전을 위한 종자돈을 마련했다는 점에서 긍정적 평가를 한다. 하지만, 다른 한편에서는 실리에 급급한 나머지 역사의 과거 청산 명분과 기회를 희생시켰다는 부정적인 평가를 내리기도 한다.

① 식민 통치의 사죄와 배상 문제에 소홀하였다.
② 한국은 약 3억 달러의 자금을 무상으로 제공받았다.
③ 무상 3억 달러의 답례로 국군을 베트남에 파병하였다.
④ 한국 경제의 대일 의존도가 높아지는 계기가 되었다.

02 다음과 같은 헌법 체제하에서 볼 수 있었던 당시 신문기사의 내용으로 옳은 것은?

> • 대통령은 통일주체국민회의에서 토론 없이 무기명 투표로 선거한다.
> • 대통령은 천재지변 또는 중대한 재정 경제상의 위기에 처하거나, 국가의 안전 보장 또는 공공의 안녕·질서가 중대한 위협을 받거나 받을 우려가 있어, 신속한 조치를 할 필요가 있다고 판단할 때에는 내정, 외교, 국방, 경제, 사법 등 국정 전반에 걸쳐 필요한 조치를 할 수 있다.
> • 대통령은 국회를 해산할 수 있다.

① 긴급조치 위반 사범 체포
② '호헌 철폐 !!' 시민들 거리로 나와
③ 정부통령 부정선거 반대!!
④ 3선 개헌 폐지

01 제시된 글은 박정희 정부가 경제 개발 자금 확보를 목적으로 한일국교 재개에 동의한 한일 회담에 대한 것이다.
한일 회담은 일본으로부터 식민 통치에 대한 사죄와 정당한 배상을 받아내지 못하고 독립 축하금과 차관 명목으로 자금을 제공받는 것에 그치는 굴욕적인 저자세로 일관하여 전국적인 반대 시위에 부딪쳤으며, 이후 한국 경제의 대일 의존도가 높아지는 계기로 작용하였다. 반면, 베트남 파병은 한국군의 현대화를 조건으로 미군을 돕기 위해 파견한 것이다.

02 통일주체국민회의에서 대통령을 간선제로 선출하는 것을 미루어 보아 제4공화국 유신체제이다. 이 시기에는 국회의원 임명권, 국회해산권, 긴급조치권 등으로 절대적인 권력을 행사하였다.
② 1987년 6월 민주항쟁
③ 1960년 4·19 혁명
④ 1969년 3선 개헌

정답 01 ③ 02 ①

03 제시된 자료에서 설명하고 있는 사업은 새마을 운동이다. 1970년에 시작된 새마을 사업은 근면, 자조, 협동을 바탕으로 한 지역 사회 개발 운동으로 전개되었다. 전태일 사건도 1970년에 발생하였다(1970. 11. 13.).
① 1980년대 중반 이후, 전두환 정부 때 상황이다.
② 농촌에서 도시로 확산되었다.
③ 우루과이라운드(1986 ~ 1993, 관세 무역에 관한 협정) 체결은 김영삼 정부 때이다(1993).

03 다음과 경제 개발 계획이 추진된 시기에 나타난 사실로 옳은 것은?

> 1. 새벽종이 울렸네, 새 아침이 밝았네/ 너도 나도 일어나 새마을을 가꾸세/ 살기 좋은 내 마을 우리 힘으로 만드세.
> 2. 초가집도 없애고 마을길도 넓히고/ 푸른 동산 만들어 알뜰살뜰 다듬세/ 살기 좋은 내 마을 우리 힘으로 만드세.

① 저금리, 저유가, 저달러의 3저 호황 시기를 누렸다.
② 도시에서 시작된 경제 운동이 농촌으로까지 확산되었다.
③ 우루과이라운드 체결로 농산물 시장이 개방되었다.
④ 평화시장의 재단사 전태일이 열악한 노동 환경에 저항하며 분신하였다.

04 자료는 차례대로 8차 개헌과 9차 개헌 헌법의 내용이다.

- 8차 개헌(1980) – 대통령 간선제, 7년 단임제
- 9차 개헌(1987) – 대통령 직선제, 5년 단임제

전두환 정부 시기 박종철 고문치사 사건이 발생하였고, 정부의 4·13 호헌 조치가 발표되자 이에 6월 민주항쟁이 일어났으며, 그 결과 대통령 직선제 개헌이 이루어졌다.
① 박정희 정부는 국군을 베트남에 파견하는 대가로 미국으로부터 한국군 현대화를 위한 장비와 경제 원조를 제공받기로 하고 약 5만 5천여 명을 파병하였다(1964 ~ 1973).
③ 박정희 정부는 자주 통일, 평화 통일, 민족적 대단결의 3대 원칙을 성명하였다(1972. 7. 4. 남북공동성명).
④ 5년 단임의 대통령 직선제로 개헌된 것은 배경이 아닌 결과이다.

04 다음과 같이 개헌이 이루어진 배경으로 옳은 것은?

> 제39조 ① 대통령은 대통령선거인단에서 무기명 투표로 선거한다.
> 제40조 ① 대통령선거인단은 국민의 보통·평등·직접·비밀 선거에 의하여 선출된 대통령 선거인으로 구성한다.

> 제67조 ① 대통령은 국민의 보통·평등·직접·비밀 선거에 의하여 선출한다.

① 정부 주도로 국군을 베트남에 파병하였다.
② 4·13 호헌 조치에 반대하는 시위가 전국적으로 일어났다.
③ 남북이 각각 7·4 남북공동성명을 발표하였다.
④ 5년 단임의 대통령 직선제로 개헌되었다.

정답 03 ④ 04 ②

04 새로운 국제 질서와 민주주의의 발전

01 다음은 같은 해에 벌어졌던 사건들이다. 이러한 사건들로 말미암아 나타난 사실로 옳은 것은?

> • 박종철 사건
> • 4 · 13 호헌 조치
> • 6 · 10 국민 대회 개최
> • 민주헌법쟁취 국민운동본부 결성

① 국가보위 비상대책위원회가 구성되었다.
② 5년 단임의 대통령 직선제 개헌이 이루어졌다.
③ 전국에 계엄령을 선포하고, 모든 정치활동을 정지시켰다.
④ 대통령의 중임 제한을 없애고 간선제를 골자로 하는 헌법을 제정하였다.

02 다음의 역사적 사건들을 시대순으로 바르게 나열한 것은?

> ㉠ 5 · 18 민주화운동　　㉡ 3선 개헌
> ㉢ 유신헌법 공포　　　　㉣ 10 · 26 사태
> ㉤ 6월 민주항쟁

① ㉠ − ㉢ − ㉡ − ㉤ − ㉣
② ㉡ − ㉠ − ㉣ − ㉢ − ㉤
③ ㉡ − ㉢ − ㉣ − ㉠ − ㉤
④ ㉡ − ㉢ − ㉣ − ㉤ − ㉠

01 자료는 1987년 6월 민주항쟁과 관련이 있다. 6월 민주항쟁의 결과 정부는 6 · 29 선언을 발표하였고, 5년 단임의 대통령 직선제로 개헌하게 되었다.
① 국보위는 1980년 신군부가 집권할 당시에 구성되었다.
③ 전국에 계엄령을 선포하고 모든 정치활동을 정지시킨 것은 박정희 정부였다.
④ 대통령 중임 제한을 없애고 간선제를 골자로 하는 헌법을 제정한 것은 박정희 정부의 유신헌법이다(1972).

02 ㉡ 3선 개헌(1969)
㉢ 유신헌법 공포(1972)
㉣ 10 · 26 사태(1979)
㉠ 5 · 18 민주화운동(1980)
㉤ 6월 민주항쟁(1987)

정답 01 ② 02 ③

03 김영삼 정부에는 공직자 재산 등록, 금융실명제 실시, 지방 자치제 전면 실시, 역사 바로 세우기의 일환으로 12·12 사태와 5·18 민주화 운동 진상 조사를 실시하였다. 하지만, 외환 위기(1997)로 인하여 국제 통화 기금(IMF)에 구제 금융 요청을 하기도 하였다.

ㄱ·ㄴ 1991년에는 국제연합에 남북한이 동시에 가입하였고, 남북 기본합의서를 체결하였으며, 한반도 비핵화 공동 선언에 합의하였다.

□□
03 다음 제도를 처음 실시한 정부의 정책을 〈보기〉에서 모두 고른 것은?

○○ 일보
[금융실명제 전면시행]
– 긴급 재정 경제 명령 제19호

• 비실명 계좌의 실명 확인 없는 인출금지
• 순 인출 3천만 원 이상의 경우 국세청에 통보하며 자금 출처를 조사할 수 있다.

┌ 보기 ┐
ㄱ 한반도 비핵화 선언 채택
ㄴ 남북한 유엔 동시 가입
ㄷ 공직자 재산 등록제 실시
ㄹ 전면적인 지방 자치제 실시

① ㄱ, ㄴ
② ㄱ, ㄷ
③ ㄴ, ㄷ
④ ㄷ, ㄹ

04 ㄷ 남북 이산가족 고향 방문단(1985)
ㄱ 88서울올림픽 개최(1988)
ㄴ 남북한 유엔 동시 가입(1991)
ㄹ 금강산 관광 시작(1998)

□□
04 다음의 역사적 사실을 시기순으로 옳게 나열한 것은?

ㄱ 88서울올림픽 개최
ㄴ 남북한 유엔 동시 가입
ㄷ 남북 이산가족 고향 방문단
ㄹ 금강산 관광 시작

① ㄱ - ㄴ - ㄷ - ㄹ
② ㄱ - ㄷ - ㄴ - ㄹ
③ ㄴ - ㄹ - ㄷ - ㄱ
④ ㄷ - ㄱ - ㄴ - ㄹ

정답 03 ④ 04 ④

05 북한 사회주의 체제의 형성과 변화

01 다음 합의문에 대한 설명으로 옳은 것은?

> • 통일은 외세에 의존하거나 외세의 간섭을 받음이 없이 자주적으로 해결하여야 한다.
> • 통일은 서로 상대방을 반대하는 무력행사에 의거하지 않고 평화적 방법으로 실현하여야 한다.
> • 사상과 이념 · 제도의 차이를 초월하여 우선 하나의 민족으로서 민족적 대단결을 도모하여야 한다.

① 합의문 발표 이후 남북조절위원회가 설치되었다.
② 합의 내용은 6 · 15 남북공동선언으로 정리되었다.
③ 합의문 중에는 한반도 비핵화 문제가 포함되었다.
④ 합의 결과로 경의선 및 동해선 철도가 연결되었다.

02 밑줄 친 '합의'에 대한 설명으로 옳은 것을 〈보기〉에서 모두 고르면?

> 쌍방 사이의 관계가 나라와 나라 사이의 관계가 아닌 통일을 지향하는 과정에서 잠정적으로 형성되는 특수 관계라는 것을 인정하고, 평화통일을 성취하기 위한 공동의 노력을 경주할 것을 다짐하면서, 다음과 같이 <u>합의</u>하였다.
> 제1조 남과 북은 서로 상대방의 체제를 인정하고 존중한다.

┌ 보기 ┐
㉠ 남북의 정상이 만나서 약속한 것이다.
㉡ 남북이 동시에 유엔에 가입하는 계기가 되었다.
㉢ 군사 당국자 간의 직통 전화를 가설하기로 하였다.
㉣ 남북 불가침을 위한 남북 군사공동위원회 설치를 명시하였다.

① ㉠, ㉡
② ㉠, ㉣
③ ㉡, ㉢
④ ㉢, ㉣

01 7 · 4 남북공동성명은 자주 통일, 평화 통일, 민족적 대단결의 3대 통일 원칙에 남과 북이 합의하였고, 통일 문제를 협의하기 위한 남북조절위원회의 설치에 합의하여 남북 대화가 시작되었다.
② 2000년 6 · 15 남북공동선언은 분단 이후 처음으로 남북 정상이 평양에서 만나 합의하여 발표한 것으로 남과 북은 경제 협력을 통해 민족의 신뢰를 구축하기로 합의하여 이산가족이 만나는 등 남북 간의 긴장 완화와 화해 · 협력이 진전되었다.
③ 1991년에는 국제연합에 남북한이 동시에 가입하였고, 남북기본합의서를 체결하였으며, 한반도 비핵화 공동선언에 합의하였다.
④ 2000년 6 · 15 남북공동선언의 합의 결과로 경의선(2000) 및 동해선(2003) 철도 연결에 합의하여 진행하였다.

02 제시문은 1991년 12월에 채택된 '남북기본합의서'의 일부분이다.
㉠ 기본합의서는 남북고위급 회담이 채택의 배경이 되는 것으로, 정상이 약속한 것이 아니라 남과 북의 총리급들이 합의한 것이다.
㉡ 남북이 유엔에 가입한 것은 1991년 9월로, 기본합의서가 채택되기 이전의 일이다.

정답 01 ① 02 ④

우리 인생의 가장 큰 영광은 결코 넘어지지 않는 데 있는 것이 아니라
넘어질 때마다 일어서는 데 있다.

– 넬슨 만델라 –

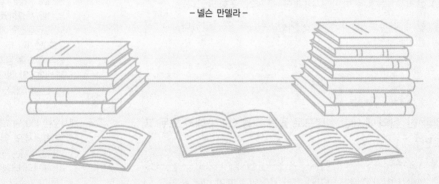

제 2 편

<4단계 대비>
주관식 문제

| 독학사 4단계 주관식 학습법 |

독학사 교양공통 시험에서 1단계와 4단계의 평가영역은 기본적으로 동일하며 큰 차이가 없습니다. 본편에 수록된 주관식 문항은 4단계 학위취득과정을 위한 것이지만 1단계 시험에서도 얼마든지 객관식으로 구성하여 출제될 수 있는 부분이므로, 1단계를 준비하는 분들도 출제 포인트 위주로 학습하면 큰 도움이 될 것입니다.

4단계 주관식 문항은 다양한 유형으로 출제되며, 특히 서술형 문제의 경우 부분점수가 있으므로 모른다고 바로 포기하지 말고 관련사항을 하나라도 더 충실하게 작성하는 것이 중요합니다. 본 편의 주관식 문항을 충분히 연습하고 부족한 부분은 기본서를 반드시 확인하는 입체 학습을 권장합니다.

보다 깊이 있는 학습을 원하는 수험생들을 위한
시대에듀의 동영상 강의가 준비되어 있습니다.
www.sdedu.co.kr ➡ 회원가입(로그인) ➡ 강의 살펴보기

제 **1** 장 │ **원시 고대 사회**

☑ 부분은 중요문제 Check로 활용해 보세요!

01 역사의 의미

☐☑
01 사실로서의 역사와 기록으로서의 역사의 차이점을 서술하시오.

01

정답 사실로서의 역사가 과거에 있었던 사실을 있는 그대로(**객관적**) 서술하는 반면, 기록으로서의 역사는 역사가의 주관이 개입되는(**주관적**) 서술이다. 사실로서의 역사의 대표적인 학자는 19C 독일 실증주의 역사학자 **랑케**(L.V.Ranke)가 있고, 기록으로서의 역사의 대표적인 학자는 "모든 역사는 현재의 역사이다."라고 한 20C 이탈리아 역사학자 **크로체**(Croce) 등이 있다.

☐☑
02 "역사는 과거와 현재의 끊임없는 대화이다."라는 말을 남긴 역사학자는 누구인지 쓰시오.

02

정답 E.H.Carr

해설 E.H.Carr는 영국의 역사학자로 『역사란 무엇인가?』라는 세계적인 역사학 저서를 남겼다. 그는 이 책에서 **"역사란 역사가와 그의 사실들 사이의 지속적인 상호작용의 과정이며,** 현재와 과거 사이의 끊임없는 대화이다."라고 말하면서 사실로서의 역사와 기록으로서의 역사가 서로 배척하는 것이 아니라 상호작용을 하면서 역사를 바라봐야 한다고 주장하였다.

02 원시 사회와 고조선

□□
03 슴베찌르개를 사용한 시대와 그 용도에 대하여 서술하시오.

03
정답 슴베찌르개는 주로 구석기 후기에 사용하였는데 슴베(자루 속에 박히는 부분)가 달린 찌르개로서 창의 기능을 하였다.

> **해설** 구석기시대(약 70만 년 전)

구분	내용
경제	뗀석기, 동물의 뼈 도구, 사냥 및 고기잡이(주먹도끼, 뼈 도구, 슴베찌르개)
생활	동굴·바위그늘, 후기에는 강가의 막집, 고래와 물고기 등을 새긴 조각품
장례	인골 발견(원시적 장례 풍습) : 흥수아이(청원 흥수굴)
유적	경기도 연천 전곡리, 충남 공주 석장리

□□
04 신석기시대 움집의 형태를 서술하시오.

04
정답 신석기시대의 움집은 **반지하** 형태로 **바닥은 원형, 또는 모서리가 둥근 네모 형태**로 되어 있으며, **중앙에는 화덕을 설치**하여 취사와 난방을 하였다. 출입문은 남쪽을 향하게 하였고, 저장 구덩은 화덕이나 출입문 옆에 위치하게 하였다. 규모는 4~5명이 거주할 정도로 한 가족이 거주하기에 알맞은 크기였다.

> **더 알아두기** [신석기시대와 청동기·철기시대 주거 형태 비교]

구분	신석기시대	청동기·철기시대
움집 바닥	원형, 또는 모서리가 둥근 네모 형태, 반지하	대체로 직사각형 형태, 지상 가옥화
화덕 위치	중앙	벽쪽으로 이동
저장 구덩이	화덕이나 출입문 옆에 위치	따로 설치하거나 한 쪽 벽면을 밖으로 돌출시켜 만듦
규모	4~5명 정도 거주	4~8명 정도 거주

05 동예는 부족의 경계가 엄격했는데 이를 증명하는 제도는 무엇인지 쓰시오.

05
정답 책화

해설 동예는 부족의 영역을 침범하지 못하게 하는 **책화**라는 제도가 있었는데, 만약 다른 부족을 침범하게 되면 노비 또는 소나 말로 변상하게 하였다.

06 다음 내용 중 ㉠, ㉡, ㉢에 들어갈 용어를 쓰시오.

> 청동기가 사용되면서 국가가 성립되었고 부와 권력을 가진 지배자로 (㉠)이(가) 출현하였다. 이 시기에 성립된 우리나라 최초의 국가가 (㉡)이다. (㉡)이 멸망한 이후 만주와 한반도 각지에는 (㉢), 고구려, 옥저, 동예, 삼한 등 여러 나라가 성립되었다.

06
정답 ㉠ 군장
㉡ 고조선
㉢ 부여

해설 고조선의 발전과 연맹국가 부여

시기	내용
B.C. 2333	단군조선의 건국
B.C. 4C	고조선은 연과 대립할 만큼 강성
B.C. 3C	부왕과 준왕과 같은 왕이 등장. 왕위 세습
B.C. 194	위만조선의 시작
B.C. 108	한무제 공격 · 지배층의 내분으로 멸망
기원전 2C	부여 건국

03 삼국의 항쟁

07
고구려 광개토대왕이 신라에 침범한 왜구를 격퇴한 사실을 증명하는 유물은 무엇인지 쓰시오.

07
정답 광개토대왕릉비, 호우명 그릇

해설 • 광개토대왕릉비
〈1부〉 건국내력
고구려 건국 신화, 동명왕, 유리왕, 대무신왕 등의 계보 정리
〈2부〉 광개토대왕의 정복활동
만주 정복, 백제 정벌, 신라 구원, 동부여 정벌, 숙신 정벌 등의 내용과 64개 성(城)과 1,400개의 촌(村)을 공격한 내용 등이 정리
• 호우명 그릇
호우명 그릇은 경주의 호우총에서 발굴된 것으로서 고구려와 신라의 관계를 파악할 수 있다.

08
백제 근초고왕의 정책을 3가지 이상 서술하시오.

08
정답 마한 완전 정복, 요서·산동·규슈 진출, 왜의 왕에게 칠지도 하사, 고구려 고국원왕을 전사시킴, 왕위 부자 상속, 서기 편찬

해설 근초고왕(346 ~ 375)

구분	내용
마한 통합	마한 세력을 완전히 정복(369)하고 전라도 남해안까지 세력 확장
고구려와 전쟁	황해도 지역을 놓고 고구려와 대결(371, 고국원왕의 전사)
대외 팽창	수군을 정비하여 요서와 산동지방으로 진출, 일본의 큐슈 지방 진출(왜의 왕에게 칠지도 하사)
왕위 계승	부여씨의 부자 상속에 의한 왕위 계승이 시작
문화 발전	박사 고흥으로 하여금 서기를 편찬, 아직기와 왕인을 일본에 파견하여 선진 문물 전파(한문, 유학)

☐☐
09 호우명 그릇을 통하여 알 수 있는 내용을 서술하시오.

[호우명 그릇]

경주의 호우총에서 발굴된 것으로서 그릇 바닥에 "廣開土地好太王"이라는 글씨가 새겨져 있어 당시 신라와 고구려의 관계를 보여준다. 왜구 격퇴로 인하여 고구려군이 신라 영토 내에 주둔하고 고구려가 신라의 내정 간섭을 한 것을 알 수 있다.

09
정답 호우명 그릇은 경주의 호우총에서 발굴된 것으로서 그릇 바닥에 '廣開土地好太王'이라는 글씨가 새겨져 있어 당시 **신라와 고구려의 활발했던 교류사실**을 살펴볼 수 있다.

☐☐
10 고구려, 백제, 신라의 도교적 성격을 나타내는 유물을 나라별로 2가지씩 나열하시오.

해설 고대의 도교

구분	내용
특징	산천 숭배, 불로장생, 신선 사상, 귀족사회 유행
고구려	연개소문이 수용, 을지문덕의 오언시, 사신도(강서고분)
백제	산수무늬 벽돌, 금동대향로, 무령왕릉 지석, 사택지적비
신라	화랑도, 12지 신상
발해	정효공주묘(묘비)

10
정답 고구려(을지문덕의 오언시, 사신도), 백제(산수무늬 벽돌, 금동대향로, 무령왕릉 지석, 사택지적비), 신라(화랑도, 12지 신상)

제 **2** 장 | **중세 사회**

01

정답 ㉠ 외사정
　　 ㉡ 상수리 제도

01 통일신라와 발해

01 다음 설명에서 괄호 안에 들어갈 용어를 쓰시오.

> 통일신라는 전국을 9주로 나누고, 주 아래 군이나 현을 두어 지방관을 파견하였고, 지방관을 감찰하기 위하여 (㉠)을 파견하고, 지방 세력을 견제하기 위하여 (㉡)를 실시하였다.

해설 통일신라의 통치체제

구성	내용
중앙	집사부(시중) 아래 13부, 사정부(감찰기구), 국학 설치
지방	9주, 5소경(수도의 지역적 치우침 보완), 향·부곡 설치, 외사정 파견(지방관 감찰), 상수리 제도(지방세력을 일정 기간 서울에 거주하게 하던 지방세력 견제책)
군사	9서당(중앙군, 민족 융합 도모), 10정(지방군, 9주에 배치)

☐☐
02 발해가 고구려를 계승한 국가라고 볼 수 있는 근거 2가지를 제시하시오.

02
정답 1. 왜왕에게 보낸 국서에 '**고려국왕**'이라고 칭했다.
2. 고구려의 생활양식이 발해에서 발견되었다. 상경에서 **온돌**이나 **고구려 양식의 기와**가 발견되고 있으며, **굴식돌방무덤 양식**인 정혜공주 묘 또한 고구려의 고분 양식 등을 통해 이를 증명할 수 있다.

☐☐
03 통일신라시대에 민정문서를 작성한 목적을 서술하시오.

03
정답 인구수와 생산 자원을 정확하게 파악하여 노동력을 징발하고 세금을 징수하기 위해서였다.

해설 민정문서

구분	내용
발견	1933년 일본 도다이사 쇼소인. 통일신라 서원경(청주)의 4개 촌 장적 발견
작성	지역 촌주가 매년 변동사항을 조사하고, 3년마다 작성
내용	• 촌락의 토지 크기, 인구수, 소와 말의 수, 토산물 등을 파악하는 문서 작성 • 사람의 다소에 따라 9등급, 연령과 성별에 따라 6등급으로 구분
목적	국가의 조세, 공물, 부역 징수를 위한 자료로 활용

02 **고려 사회의 성립과 발전**

04

정답 호족의 세력을 약화시키고 국가의 수입 기반을 확대하여 왕권을 강화하기 위한 정책이었다.

☐☐

04 고려 광종이 노비안검법을 실시한 목적을 정치·경제적인 면으로 서술하시오.

해설 광종의 개혁정치(949 ~ 975)

구분	내용
왕권 강화	노비안검법(956), 과거제(958, 문반 선발), 칭제건원(황제 칭호, 광덕·준풍 등 연호 사용), 공신·호족세력 숙청
체제 정비	백관공복제(위계질서 확립), 주현공부법(949), 제위보 설치(963)

05

정답 ㉠ 음서
　　㉡ 공음전

☐☐

05 다음 설명에서 괄호 안에 들어갈 용어를 각각 쓰시오.

> 문벌 귀족은 과거와 (㉠)를 통하여 관직을 독점하고 중서문하성과 중추원의 재상이 되어 정국을 주도해 나갔다. 이들은 관직에 따라 과전을 받고 또 자손에게 세습이 허용되는 토지인 (㉡)의 혜택을 받았다.

해설 음서와 공음전

구분		내용
음서	시행	고려 목종 때 최초 시행(997)
	혜택	공신이나 종실의 자손, 5품 이상 고위 관료의 자손(외손자 포함)은 무시험 관리 등용
공음전	시행	5품 이상의 고위 관료들을 대상으로 하는 특별 전시과, 공음전 시행(1049)
	특징	세습 가능, 음서제와 함께 고려 귀족의 특권 유지의 기반

06 고려의 중앙 관제에 중서문하성의 재신과 중추원의 추밀이 모여 국가의 중대사를 결정함으로서 귀족 정치의 특징과 고려의 독자성을 보여준 기구가 두 개 있는데, 이 두 기구의 이름을 모두 쓰시오.

06
정답 도병마사, 식목도감

해설 도병마사와 식목도감
1. 재추기구
   재신과 추밀이 모여 고려의 국정 문제를 담당하는 국가 최고의 회의기구
2. 도병마사
   고려의 **국방 문제를** 담당, 도병마사는 임시적인 회의기구로 구성되었으나 고려 후기 충렬왕 때 도평의사사(도당)로 개편되면서 구성원이 확대되고 국정 전반에 걸친 주요사항을 담당하는 최고 정무기관(상설기구)으로 발전
3. 식목도감
   법의 제정이나 **국가 의례의 규정**을 다루던 최고의 회의기구, 국자감의 입학자격 등의 학칙과 각 부의 여러 시행규칙 등을 제정

03 고려 후기의 사회 변화

07
정답 묘청의 서경천도운동

☐☐
07 신채호가 우리 역사 일천년의 최고의 사건이라 평가한 것으로 고려 귀족사회 내부의 모순이 드러난 사건이 무엇인지 쓰시오.

해설 묘청의 서경천도운동(1135년)

구분	내용
배경	중앙 귀족의 보수 세력(개경파)과 지방의 신진 개혁 세력(서경파) 사이의 대립
전개	묘청 세력은 서경에서 반란(국호 – 대위, 연호 – 천개, 군대 – 천견충의군)
결과	김부식의 관군에 의해 약 1년 만에 진압, 숭문천무 현상, 서경의 지위 하락

08
정답 공민왕은 즉위 후 기철을 비롯한 친원 세력을 숙청하고, 내정 간섭기구인 정동행성 이문소의 폐지, 원의 간섭으로 격하된 관제의 복구, 몽골 풍속 금지 등을 실시하였다.

☐☐
08 공민왕의 반원 개혁 정책을 약술하시오.

해설 공민왕의 개혁정치

구분	개혁
반원정책	• 친원 세력(기철) 숙청, 정동행성 이문소 폐지, 관제 복구, 몽골풍 금지 • 쌍성총관부 공격하여 철령 이북 수복(유인우), 요동 지방 공략
왕권강화	• 정방 폐지(신진사대부 등용), 전민변정도감 설치(신돈 등용) • 성균관을 순수한 유교 교육 기관으로 개편

09 고려시대 여성의 지위를 재산 상속과 관련하여 간단히 서술하고, 이와 유사한 여성의 지위를 보여주는 고려시대의 또 다른 예를 한 가지 서술하시오.

09

정답 고려시대는 남녀가 평등한 사회로 동등하게 상속을 받아 여성과 남성의 차이가 없었다. 또한, 재가한 여자의 자손을 차별하지 않고, 여성이 호주가 될 수 있었고, 사위가 처가의 호적에 들어가는 경우도 있었고, 음서의 혜택이 사위와 외손자에게도 있었으며, 아들이 없을 경우 **양자를 들이지 않고 딸이** 제사를 지내기도 하였다.

10 지붕의 무게를 기둥에 전달하면서 건물을 치장하는 장치인 공포가 기둥 위에만 짜여 있는 건축 양식의 이름과 대표적인 건축물을 하나만 작성하시오.

10

정답 주심포식 건물, 안동 봉정사 극락전, 영주 부석사 무량수전, 예산 수덕사 대웅전

해설 고려시대 건축 양식

구분	주심포 양식	다포식 양식
시기	고려 전기	고려 후기
건물	봉정사 극락전, 부석사 무량수전, 수덕사 대웅전	성불사 응진전
양식	기둥 위 공포 설치, 굵은 기둥, 배흘림 양식	공포가 기둥 사이에 짜여져 있는 양식

11

정답 ㉠ 위화도 회군
　　㉡ 역성혁명

11 다음 설명에서 괄호 안에 들어갈 용어를 쓰시오.

> 이성계는 (㉠)으로 군사적 실권을 장악하고 개혁을 추진하였으나 점진적 개혁을 추진하려는 온건 개혁파와 고려 왕조를 부정하는 (㉡)을 주장하는 급진 개혁파로 개혁 방향을 둘러싸고 다른 의견이 존재하였다.

해설 고려 말 요동 정벌

구분	개혁
배경	명의 철령위 설치 통보(1388)
단행	우왕은 최영·이성계에게 요동 정벌 명령(1388)
중단	이성계는 위화도에서 회군(1388)
영향	최영 제거, 군사적 실권 장악
결과	이성계의 조선 건국(1392)

04 조선 사회의 성립과 발전

□□
12 신진사대부의 세력 분화에 대해 서술하시오.

> (답안 작성란)

[해설] 신진사대부의 분화

구분	급진 개혁파(혁명파)	온건 개혁파(온건파)
주장	왕조 개창 (역성혁명)	고려 왕조 내 점진적 개혁
중심	정도전, 조준 등(소수)	정몽주, 이색, 길재 등(다수)
개혁	권세가의 사유지 축소	전면적 토지개혁 반대
경제력	미약함	우세함
불교	교리 자체 비판	온건 비판

□□
13 수령을 보좌하고 향촌의 풍속을 바로 잡고 향리를 규찰하는 등의 임무를 맡았던 향촌의 자치 기관 명칭이 무엇인지 쓰시오.

> (답안 작성란)

[해설] 유향소(향청)

구분	내용
의미	향촌 자치를 위하여 향촌의 유지(전직 관료)들로 구성된 자치기구
운영	향안에 등재된 양반들로 구성, 좌수[향정, 장(長)]와 2명의 별감을 선출하여 운영
기능	수령 보좌, 향리 감찰, 향촌 사회의 풍속 교화, 자율적 규약(향약) 제정
변화	경재소 혁파(1603) 이후 유향소는 향소 · 향청으로 개칭

12
[정답] 고려 말 신진사대부는 **온건 개혁파**와 **급진 개혁파**로 나뉘었는데, 온건 개혁파는 고려 왕조의 틀 안에서 **점진적인 개혁**을 추진하려 하였고, 급진 개혁파는 **고려 왕조를 부정하는 역성혁명**을 주장하였다.

13
[정답] 유향소

14

정답 양반 관료들의 과도한 직접적인 수취로 농민의 부담이 증가되었기 때문이다.

□□
14 조선시대 토지제도인 직전법을 관수관급제로 변경한 이유를 서술하시오.

해설 직전법과 관수관급제

구분	직전법	관수관급제
시기	세조(15C 중반)	성종(15C 후반)
배경	과전의 세습으로 토지 부족	경작 농민에 대한 양반 관료의 수조권 남용
원칙	수신전·휼양전 폐지	관청에서 수조권을 행사하여 관리에게 지급
목적	세습으로 인한 토지 부족 해결	국가의 토지 지배권 강화
영향	훈구파의 농장 확대	농장 확대 가속화

15

정답 삼강행실도

해설 • 삼강행실도

삼강행실도는 모범이 될 만한 충신, 효자, 열녀 등의 행적을 그림으로 그리고 설명을 붙인 윤리서로서 세종 때 편찬하였다(1434).

• 조선 전기의 윤리서와 의례서
 - 15C 윤리·의례서 : 삼강행실도(세종), 국조오례의(성종)
 - 16C 윤리·의례서 : 이륜행실도, 동몽수지

□□
15 세종 때 편찬되고, 유교적 질서를 확립하기 위한 목적으로 충신, 효자, 열녀 등의 행적을 그림으로 그리고 설명을 붙인 윤리서의 명칭이 무엇인지 쓰시오.

05 조선 전기 사회 변화와 외세침략

□□
16 도덕적 행위의 근거로서 인간 심성을 중시하고 근본적이며 이
상주의적인 성격이 강했던 학자로 성학십도를 저술한 인물이
누구인지 쓰시오.

16
정답 퇴계 이황

해설 퇴계 이황(1501 ~ 1570)

구분	퇴계 이황
주장	주리론(主理論), 영남학파(동인)
학문	관념적 도덕 세계 중시, 근본적·이상적, '동방의 주자' 칭송
영향	위정척사사상, 일본 성리학
저서	주자서절요, 성학십도, 전습록변
향약	예안향약(안동)

□□
17 가문의 내력을 기록한 것으로, 안으로는 종족 내부의 결속을
다지고 밖으로는 다른 집안이나 하급 신분에 대한 우월의식을
갖게 하였다. 사림들은 이를 통해 성리학적 사회질서를 유지하
고자 하는데, 이것이 무엇인지 쓰시오.

17
정답 족보

해설 보학(종족의 내력과 관계 기록)
1. 성격 및 발달 : 조선은 보학이 발달하여 족보를 편찬하였는데, 족보는 가문의 내력을 기록한 것으로 족보 편찬을 통해 성리학적 신분 질서를 유지하고지 하였다. 가족의 내력을 기록하고 암기하여 친족의 공동체 유대를 가능하게 하였고 신분적 우위를 확보하기 위한 양반들의 노력이었다.
2. 기능 : 족보를 통하여 안으로는 종족 내부의 결속을 다지고 밖으로는 다른 집안이나 하급 신분에 대해 우월의식을 가지게 하였다. 또한, 족보는 혼인 상대자를 구하거나 붕당을 구별하는 데 중요한 자료로 활용되었다.

06 조선 후기 경제 발전과 사회 동향

18
정답 조선 후기 농민에게 가장 큰 부담을 주던 것은 **공납**이었다. **방납의 폐해**가 나타나면서 농민의 부담은 더욱 커져 갔고, 부담을 견디지 못한 농민은 농토를 떠나지 않을 수 없었다. 농민의 토지 이탈은 **농촌경제의 파탄**으로 인한 결과였지만, 일종의 조세 저항이기도 하였다. 이에 정부는 민생을 안정시키기 위하여 대동법을 실시하게 되었다.

18 조선 후기 대동법의 시행 배경을 서술하시오.

해설 대동법(1608 ~ 1708, 광해군 ~ 숙종)

구분	내용
배경	방납의 폐단, 농촌경제의 파탄, 농민의 이탈)
내용	토지 1결당 미곡 12두 부과(공납의 전세화), 쌀·삼베나 무명, 동전 등으로 납부(조세의 금납화), 지주들의 반발로 전국적 시행에 100여 년 소요
영향	공인 등장 → 상품 수요 증가, 상품화폐 경제 발달 → 장시 발달 → 도고 성장

19
정답 단위 면적당 생산량이 증가되어 소득이 증대되었다. 노동력도 절약되었고, 벼와 보리의 이모작이 널리 행해지면서 보리 재배가 확대되었다.

19 조선 후기 이앙법의 발전으로 경제가 활성화되었다. 이앙법(모내기법)의 효과를 간략하게 서술하시오.

해설 조선 후기 농업의 발전

구분	내용
이앙법	조선 후기 정부의 모내기법 금지령에도 불구하고 전국적으로 확대
구황작물	고구마(18C 영조, 일본), 감자(19C 헌종, 청) 전래
광작	1인당 경작지 확대(광작 농업) → 부농으로 발전
상품작물	인삼과 담배, 목화, 채소, 약초 등 재배, 쌀의 상품화

20 조선 후기에 포구에 들어온 상품의 매매를 중개하고, 부수적으로 운송, 보관, 숙박, 금융 등의 영업을 하였던 상인의 명칭을 쓰시오.

20
정답 객주, 여각

해설 조선 후기 상업의 변화

구분	내용
포구 상권	포구가 18C 상업의 중심지로 성장, 인근 포구 및 장시와 연결하는 등의 전국적인 유통권 형성
선상	선상은 선박을 이용해서 포구에서 상행위, 운송업에 종사하다가 거상으로 성장(경강상인)
객주 · 여각	객주나 여각은 각 지방의 선상이 물화를 싣고 포구에 들어오면 그 상품의 매매를 중개하고, 부수적으로 운송 · 보관 · 숙박 · 금융 등의 영업에 종사

21 조선 후기에 발생한 전황(錢荒)이 무엇인지 설명하고, 전황이 발생한 이유를 서술하시오.

21
정답 • 전황 : 동전의 발행량이 늘어났는데도 유통되지 않아 발생한 **동전 부족 현상**
• 이유 : 지주나 대상인들이 화폐를 **고리대나 재산 축적**에 이용하였기 때문

해설 전황의 발생

구분	내용
배경	화폐가 유통되지 않아 동전 부족 현상이 발생
원인	지주나 대상인들이 화폐를 고리대나 재산 축적에 이용
결과	돈을 구하기 위하여 물건을 싸게 매매, 디플레이션 발생 (화폐가치↑)
폐전론	전황의 대책으로 이익은 폐전론 주장

22

정답 비변사는 16C 여진과 왜구에 대비하기 위해 임시 기구로 설치하였으나 **임진왜란 때 실질적 최고기구로 변화**하였다. 전란이 끝난 뒤에도 폐허의 복구와 사회·경제적 변동에 효율적으로 대처하고 붕당 간의 이해관계를 조정하기 위해 비변사의 구성과 기능은 그대로 유지되었다. 하지만, **비변사의 구성원이 3정승을 비롯한 고위 관원으로 확대**되었고, 그 기능도 군사문제뿐 아니라 외교·재정·사회·인사문제 등 **거의 모든 정무를 총괄**하였다.

22 조선 후기 비변사의 변화에 대하여 서술하시오.

해설 비변사 변천

시기	변화
중종	임시기구(1510, 삼포왜란)
명종	상설기구(1555, 을묘왜변)
선조	중요 핵심기구(1592, 임진왜란)
19C	최고 권력기구(세도정치기)
고종	비변사 폐지(1865, 흥선대원군)

23

정답 강력한 왕권으로 붕당 사이의 치열한 다툼을 일시적으로 억누른 것에 불과하였고 붕당 정치의 폐단을 근본적으로 해결하지는 못했다.

23 영조가 실시한 탕평책의 한계점이 무엇인지 쓰시오.

해설 영조의 개혁정치

구분	내용
개혁	탕평책(탕평교서), 탕평파에게 권력 집중(붕당 자체 제거시도), 이조전랑의 후임자 천거 및 3사 관원의 선발 관행 폐지, 서원의 대폭 정리, 균역법, 도성 방위 체제 정비, 가혹한 형벌 폐지, 엄격한 삼심제, 속대전 편찬
한계	강력한 왕권을 바탕으로 다툼을 억누른 일시적 탕평

07 사회 모순의 심화와 농민 항쟁

□□
24 19세기 세도정치하에서 삼정의 문란으로 탐관오리의 부정과 탐학이 끝이 없었다. 조선 후기 대표적인 수취제도인 삼정(三政)의 문란이란 무엇인지 서술하시오.

24

정답 삼정은 전세, 군포, 환곡의 세금을 말한다. 전세는 토지에 부과하는 세금, 군역은 군대에 가지 않고 군포를 납부하는 것, 환곡은 농민들에게 봄에 관청의 곡식을 빌려주었다가 가을에 약간의 이자를 붙여 거두어들이는 것이다. 세도정치 시기에 뇌물을 주고 관직을 산 관리들이 백성에게 과중한 세금을 부담하면서 삼정이 문란해졌다.

해설 삼정의 문란

1. 전정의 문란
   지주들은 불법적인 토지겸병으로 재산을 불렸고 토지를 토지 대장에서 숨겨(은결) 세금을 회피

2. 군정의 문란

구분	내용
인징(隣徵)	군포가 줄어들자 지방 관아에서는 이웃에게 군포를 강제 징수
족징(族徵)	부족한 군포를 가족에게 강제로 징수
동징(洞徵)	군포액수를 마을 단위 전체로 부담케 하여 백성들에게 불법으로 징수
황구첨정(黃口簽丁)	16세 미만의 어린 아이에게까지 군포를 징수
백골징포(白骨徵布)	이미 죽은 자의 이름으로 군포를 징수하는 불법징수

3. 환곡의 문란
   탐관오리가 환곡미를 착복하고 쌀에 모래나 겨 등을 섞어서 백성들에게 지급

01 개항과 근대 변혁 운동

01

□□
01 흥선대원군의 왕권강화 정책을 3가지 이상 나열하시오.

비변사 폐지, 법전 편찬(대전회통), 서원 정리, 경복궁 중건, 군제개혁

해설 흥선대원군의 개혁정치(1863 ~ 1873)

구분	내용
왕권강화	당파·지방색·신분을 가리지 않고 능력에 따라 인재 등용, 비변사 폐지, 의정부·삼군부 부활, 대전회통·육전조례 편찬, 서원철폐(국가 재정 확충), 경복궁 중건(원납전·당백전), 양전 사업(은결 색출), 호포제·사창제 실시
민생안정	전정(양전 사업, 은결 색출), 군정(호포법 = 동포제), 환곡(사창제)

02

정답 거문도 사건

해설 • **거문도 사건**

갑신정변 이후 열강의 침략이 본격화되었고 러시아의 한반도 남하를 견제한다는 구실로 영국은 거문도를 해밀턴 항이라 명명하고 불법 점령한 후 포대를 설치하였다(1885, 거문도 사건). 거문도 사건(1885) 직후 유길준은 열강이 보장하는 한반도의 중립론을 정부에 건의하였으나, 당시의 긴박한 국제 정세와 민씨 정권의 반대 등으로 실현되지는 못하였다.

• **갑신정변 직후 국제 정세**

정부의 친러경향 → 조러통상조약 (1884, 베베르) → 영국의 거문도 사건(1885 ~ 1887, 러시아 견제 구실) → 조러비밀협정 추진(1886) → 조러육로통상조약(1888, 두만강 운항권)

□□
02 러시아의 한반도 남하를 견제한다는 구실로 영국이 거문도를 해밀턴 항이라 명명하고 불법 점령한 후 포대를 설치한 사건이 무엇인지 쓰시오.

□□
03 다음 설명에서 괄호 안에 들어갈 용어를 쓰시오.

> 제2차 김홍집 내각은 자주적인 개혁을 추진하기 위하여 군국기무처를 폐지하고 (   )를 발표하며 개혁을 추진하였다.

>>>🔍   [홍범 14조(제2차 갑오개혁)]

구분	내용
정치	의정부와 8아문을 7부로 개편, 지방 8도를 23부 337군으로 개편, 지방관 권한 축소
경제	재정 일원화(탁지부 산하의 관세사, 징세사)
교육	고종의 교육입국조서 발표, 한성 사범학교 설립, 신교육(외국어 학교 관제 공포)

03
[정답] 홍범 14조

[해설] **제2차 갑오개혁(1894.12. ~ 1895.7.)**
군국기무처를 폐지하고 김홍집과 박영효의 연립 내각(친일 내각)을 구성하여 홍범 14조를 발표하며 추진하였다.
[문제 하단의 표 참고]

□□
04 삼국간섭 · 을미사변 · 아관파천을 통해 볼 때 조선을 둘러싸고 대립하고 있던 두 나라를 쓰시오.

04
[정답] 일본, 러시아

[해설] **삼국간섭, 을미사변, 아관파천**
• 삼국간섭(1895) : 러시아는 프랑스, 독일과 함께 일본에게 요동 반도의 반환을 요구하였고 일본은 이에 응하였다.
• 을미사변(1895) : 1895년 삼국간섭으로 조선에서는 친러 세력이 급증하였고, 일본은 친러파를 제거하고 친일 내각을 수립하고자 명성황후를 살해한 을미사변을 일으켰다.
• 아관파천(1896) : 삼국간섭 이후 러시아를 등에 업은 친러파와 러시아 공사 베베르 등이 신변 보호 명목으로 고종을 러시아 공사관으로 옮겼다.

02 대한제국기 열강의 경제 침탈과 개혁 운동

05

정답 독립협회가 서울 종로에서 개최한 우리나라의 민중 집회로 정치적 운동이었다. 독립협회의 회원들이 중심이 되었고 일반 시민들도 참여하였다.

05 만민공동회에 대해 서술하시오.

해설 독립협회의 활동

구분	내용
국권	독립문 건립, 독립신문 발간, 고종의 환궁 요구(1897.2.), 자주독립 수호, 러시아의 절영도조차 요구 저지, 러시아의 군사 교련단과 재정고문단을 철수시킴, 한러은행 폐쇄
민권	신체·재산권 보호 운동(1898.3.), 언론·집회의 자유권 쟁취운동 전개(1898.10.)
자강개혁	헌의 6조 채택(관민공동회, 국권수호·민권보장·국정개혁), 박정양 진보 내각 설립(의회 설립운동) → 중추원 관제 (관선 25명, 민선 25명) 반포
해산	보수 세력의 개혁정치에 대한 반발로 인하여 황국협회를 세워 만민공동회를 탄압

06

정답 아관파천

해설 아관파천(1896.2. ~ 1897.2.)
1. 배경 : 삼국간섭(1895) 이후 러시아를 등에 업은 친러파와 러시아 공사 베베르 등이 신변 보호 명목으로 고종을 러시아 공사관으로 이어(移御)
2. 결과 : 친일 내각이 무너짐에 따라 일본의 침략 세력은 일단 견제되었지만(을미개혁 중단), 러시아 등 열강의 이권 침탈은 심화되었고 국가의 위신은 더욱 추락

06 19세기 말 제국주의 국가들의 이권 탈취와 내정 간섭이 본격화된 것은 1896년에 있었던 이 사건을 계기로 심화되었다고 볼 수 있다. 이 사건은 무엇인지 쓰시오.

□□
07 다음 설명에서 괄호 안에 들어갈 용어를 순서대로 쓰시오.

> 독립협회는 고종의 환궁을 요구하였고 경운궁으로 환궁한
> 고종은 국호를 (   ), 연호를 (   )로 칭하였다.

07
정답 대한제국, 광무

해설 광무개혁

구분	내용
정치	대한국 국제 반포(1899), 전제 군주 체제 강화, 23부→13도, 중추원(황제 자문기구) 설정
경제	양지아문(1898)·지계아문(1901) 설치, 지계(地契) 발급, 근대적 공장과 회사 설립, 신식 화폐 발행 장정(1901) 제정, 금본위제(백동화 발행), 도량형 통일
사회	실업학교 및 기술 교육 기관 설립, 근대 시설 확충, 고등 재판소를 평리원(平理院)으로 개칭, 순회 재판소 설치
군사	원수부 설치(황제가 육·해군 통솔), 서울의 시위대와 지방의 진위대 군사 수 증강, 무관학교 설립
외교	북간도에 이범윤을 간도 관리사(북변도관리)로 파견(1902), 울릉도를 울릉군으로 승격, 독도를 관할 구역에 포함

08

정답
- 배경 : 을사늑약으로 인하여 대한제국은 일본에게 외교권을 빼앗겼다.
- 결과 : 청과 일본 사이에 불법적으로 이루어진 간도협약으로 인하여 간도를 청이 관할하게 되었다.

□□
08 일본과 청 사이에 이루어진 간도 협약(1909)의 배경과 결과에 대하여 서술하시오.

해설 간도 귀속 문제

구분	내용
국경분쟁	만주 지역의 분쟁 발생 → 백두산정계비 건립(1712) [서쪽으로는 압록강, 동쪽으로는 토문강을 경계로 함]
대한제국	간도를 함경도에 편입, 간도관리사 파견(1902, 이범윤)
관할	• 을사늑약(1905) – 외교권이 일제에 의해 박탈 • 간도파출소(1907) – 일본이 설치하여 관할(독립운동 탄압 목적)
강탈	불법적인 간도 협약(1909, 청 – 일본) 체결

03   국권 피탈과 국권 회복 운동

☐☐
09 을사늑약에 대한 항일논설인 시일야방성대곡을 게재하여 일제
로부터 80일간 정간당하였던 민족 언론사가 무엇인지 쓰시오.

☐☐
10 대한제국의 외교권이 일본에게 강탈당하고 일제가 통감부를 설
치하여 외교뿐만 아니라 내정까지도 간섭받게 된 배경이 무엇
인지 쓰시오.

09
정답 황성신문

해설 황성신문
남궁억이 발간한 황성신문(1898 ∼
1910)은 지식층 및 유생을 대상으로
한 민족주의 신문으로 국한문 혼용
의 형식으로 제작되었다. 일제의 침
략 정책과 매국노를 규탄하였으며,
일제가 황무지의 개간권을 요구하였
을 때 그의 부당성을 지적하였고, 보
안회를 지원하였다. 을사늑약 이후
황성신문의 주필 장지연은 시일야방
성대곡이라는 격렬한 항일 언론을
펴 을사늑약을 규탄하고 민족적 항
쟁을 호소하였는데, 이로 인해 80일
간 정간되기도 하였다.

10
정답 일제에 의해 을사늑약이 강제로 통과
되었다.

해설 을사늑약(1905, 외교권 박탈)
일본은 강력한 식민지화 정책을 추
진하기 위하여 이토 히로부미는 군
대로 궁궐을 포위하고 통감 통치를
강요하는 을사늑약의 체결을 강요했
다. 고종과 내각은 절대 반대하였으
나, 수상 한규설을 감금하고 이완용,
박제순 등 을사 5적을 위협하여 조약
에 서명하도록 하고 이를 공포하였
다. 대한제국은 외교권을 박탈당하
고 통감부를 설치하여 외교뿐만 아
니라 내정까지도 간섭받았다.

04 일제의 무단통치와 3 · 1 운동

11

일제가 우리나라의 토지와 자원을 수탈하려고 설립한 회사로, 일제는 여러 가지 구실로 많은 토지를 국유지로 편입시키고 이 회사를 내세워 일본인이 토지를 늘릴 수 있도록 지원하였다. 이 회사의 명칭을 쓰시오.

12

채기중의 대한 광복단을 개편하여 박상진이 대구에서 군대식으로 비밀리에 조직한 단체의 이름은 무엇인지 쓰시오.

11

정답 동양척식주식회사

해설 동양척식주식회사
1. 식민 기구 : 일본은 대한제국의 국유지를 약탈하기 위하여 국유미간지이용법(1908)을 제정·공포하여 대규모로 약탈하였고 동양척식주식회사를 설립하여 일본인에게 헐값으로 불하
2. 주요 업무 : 토지 조사 사업, 토지 관련 분배업무, 농업 이민 주선, 공업 건설 및 회사 설립

12

정답 대한 광복회

해설 대한 광복회(1915)
1. 조직 : 채기중의 대한 광복단(1913)을 개편하여 박상진이 군대식으로 비밀리에 조직하였다. 대구에서 결성된 대한 광복회는 김좌진이 가입하는 등 점차 확산되어 전국적인 조직으로 발전한다.
2. 활동 : 의병 출신자를 비롯하여 신교육을 받은 인사들이 참여하였으며, 근대 공화 정치를 지향하였다. 또한, 국외 독립운동기지 건설을 위해 각지의 부호에게 의연금을 납부하게 하는 등 군자금 모집 활동을 전개하였고, 친일파를 처단하여 가장 활발한 활동을 전개하였다.

□□
13 3 · 1 운동의 배경을 3가지 이상 쓰시오.

13

정답 • 1917년 러시아 사회주의 혁명의 성
공, 윌슨의 민족자결주의
• 1918년 무오독립선언(만주)
• 1919년 2 · 8 독립선언(도쿄), 고종
의 사망과 독살설 유포

해설 3 · 1 운동의 배경

일시	내용
1917	레닌의 약소민족 해방 지원 약속(사회주의의 유입)
1918	윌슨의 민족자결주의(파리강화회의), 무오독립선언(길림의 민족지도자 39인)
1919.1	고종의 의문사(독살설 유포), 파리강화회의 김규식 파견(신한청년단)
1919.2	2 · 8 독립선언(도쿄 유학생, 조선청년독립단)
1919.3	3 · 1 운동

05 일제의 기만적 문화통치와 민족 해방 운동

14

1930년대 초반 언론과 학생들을 중심으로 문맹 퇴치 운동이 전개되었다. 동아일보와 조선일보가 추진한 농촌 계몽 운동의 명칭을 각각 쓰시오.

14

정답 동아일보(브나로드 운동), 조선일보 (문자보급 운동)

해설 농촌 계몽 운동

일제의 식민 교육으로 문맹자가 급증하자 우리 민족은 언론사를 중심으로 농촌 계몽 운동을 전개하였고, 학생, 지식 청년, 문화 단체 등이 계몽 운동을 시작하였다.
[문제 하단의 표 참고]

>>>○   [농촌 계몽 운동]

구분	내용
문자보급 운동 (1929 ~ 1934)	조선일보는 "아는 것이 힘, 배워야 산다."라는 표어 아래 민중 문화의 향상을 위한 문자보급 운동을 시작, '한글원본' 등의 교재 배포
브나로드 운동 (1931 ~ 1934)	동아일보는 브나로드 운동을 전개, 문맹자에게 우리글을 가르치면서 미신 타파, 구습 제거, 근검절약 등 생활 개선을 꾀하려는 계몽 운동

15

원산의 라이징 선 석유회사에서 일본인 감독이 한국인 노동자를 구타하자 노동자들이 열악한 노동 조건 개선과 감독 파면을 요구하며 파업을 전개하였다. 이 운동이 무엇인지 쓰시오.

15

정답 원산 노동자 총파업

해설 원산 노동자 총파업(1929)

1. 원인: 원산의 라이징 선 석유회사의 일본인 감독이 한국인 노동자를 구타한 사건을 계기로 3,000여 명이 참가한 원산 노동자 총파업은 일제 강점기 노동 운동에서 가장 규모가 큰 것이었다.
2. 과정: 이 파업은 일제가 폭압적으로 탄압하는 상황에서 조선 노동자들이 단결하여 조직적으로 파업을 진행시키면서 투쟁하였고, 항일 투쟁 정신을 고취시켰다. 이로 인하여 노동자 파업이 전국 각지에서 잇따랐으나 일제의 탄압으로 점차 쇠퇴하였다.

06 전시하 일제의 수탈과 항일 무장 투쟁

☐☐
16 일제의 병참기지화 정책에 관하여 서술하시오.

☐☐
17 '나라는 형이요, 역사는 정신'이라고 하여 우리의 민족정신을 '혼'으로 파악하였으며, 혼이 담겨 있는 민족사의 중요성을 강조한 민족 운동가가 누구인지 쓰시오.

해설 박은식(1859 ~ 1925)

구분	내용
구한말	주자학 중심의 유학 비판, 양명학과 사회 진화론을 조화시킨 대동사상 주장(대동교 창설)
일제 강점기	조선광문회 조직(역사, 지리, 고전 등 정리·간행), 동제사 조직(1912), 대동보국단 결성(1915), 무오독립선언서 발표(길림, 민족지도자 39인), 국민대표회의(1923, 창조파) 참여
임정 활동	임시정부 제2대 대통령
저서	한국통사(우리 민족의 수난 정리), 한국독립운동지혈사(항일 민족 투쟁정리), 연개소문전, 안중근전

16
정답 1930년대 이후 일제는 침략전쟁에 필요한 인적·물적 자원을 수탈하였다.
대표적인 1930년대 정책으로 **남면북양 정책**이 있는데 남부에는 **면화**를 재배하고 북부에는 **면양**을 키우는 정책으로 전쟁 군수물자 생산과 보급을 위해 추진한 정책이다.
이후 중일전쟁(1937)이 발발하면서 일제의 인적·물적 수탈도 더욱 심해졌는데 **국가총동원법(1938)**, **국민징용령(1939)**, **지원병제(1938)**, **학도 지원병제(1943)**, **징병제(1944)**를 실시하여 수많은 노동력과 병력을 수탈하였다. 그뿐만 아니라 **여자 정신대 근로령(1944)**, 위안부 등 반인류적인 범죄도 자행하였다. 또한, 일제는 **식량 공출제**와 **배급제**를 실시하고 **쇠붙이를 공출**하는 등 갖은 물적 수탈을 태평양전쟁이 끝날 때까지 계속하였다.

17
정답 박은식

18

정답 조선 혁명군, 양세봉

해설 조선 혁명군(총사령관, 양세봉)

1. 중국 의용군과 연합 : 국민부 계열(조선 혁명당)로서, 남만주 일대에서 중국 의용군과 연합 작전을 전개하였다.
2. 대표적 승리 : 영릉가 전투(1932), 흥경성 전투(1933)에서 일본군을 크게 격파하였다.
3. 변화 : 양세봉이 암살(1934)된 후 전력이 약화되었고, 1930년대 중반 이후까지 지속적인 무장투쟁을 전개하였다.

☐☐
18 국민부 산하 부대로 남만주 일대에서 중국 의용군과 연합 작전을 전개하여 영릉가 전투(1932) 및 흥경성 전투(1933) 등에서 승리를 이끌었던 부대와 지휘관을 쓰시오.

01 해방과 민족의 분단

□□
01 광복 이후 38도선을 경계로 한반도가 이념적으로 분단되고 남과 북에 미군과 소련군의 군정이 실시되는 가운데 미국, 영국, 소련이 한반도 문제를 협의하기 위해 1945년 12월 추진한 회의는 무엇인지 쓰시오.

해설 모스크바 3국 외상 회의(1945.12. 미·영·소)

구분	내용
결정	한국에 임시 민주 정부 수립(미·소 공동위원회 설치), 미·영·중·소에 의한 최고 5년간의 한반도 신탁통치 결정
영향	우익(반탁), 찬탁(좌익), 정부 수립 후 결정(중도) 등 대립의 격화
결과	모스크바 3국 외상 회의 결정사항은 실행 못함

01
정답 모스크바 3국 외상 회의

02
정답 김구, 이승만, 조선 공산당 등의 주도 세력들의 불참, 미국의 편파적인 우익 지원, 여운형의 암살

□□
02 좌우합작 운동이 실패하게 된 원인을 3가지 이상 쓰시오.

해설 좌우합작 운동(1946 ~ 1947)

구분	내용
배경	이승만의 정읍발언, 남북 분단방지의 필요성, 중도우파(김규식)와 중도좌파(여운형) 합작
추진	좌우합작 위원회 결성(1946.7.) → 좌우합작 7원칙 발표(1946.10.) → 미군정의 남조선 과도입법의원(1946.12.) 설치
실패	주도 세력들의 불참(좌우의 대립), 미군정의 편파적인 우익 지원, 좌우합작 운동의 중심세력인 여운형의 암살(1947.7.)

02 분단 체제의 고착화와 4월 혁명

☐☐
03 1950년 1월 미국의 태평양지역 방어선에서 한국과 타이완에서 군사적 충돌이 일어날 경우 미국은 개입하지 않겠다는 선언이 무엇인지 쓰시오.

☐☐
04 3 · 15 부정선거에 관하여 서술하시오.

> **더 알아두기**   [4 · 19 혁명의 전개과정]

구분	내용
배경	1960년 3 · 15 부정선거
전개	마산의 부정 선거 항의 시위(1960.3.15. 경찰 무력 진압) → 최루탄이 눈에 박힌 김주열 학생의 시신 발견(4.11.) → 시위 전국 확산→ 시위 군중을 향한 경찰의 발포로 사상자 증가(4.19.) → 계엄령 선포
결과	대학교수들의 시국 선언(4.25.) → 이승만 대통령 사임(4.27.)
제2공화국	허정 과도정부[내각 책임제 개헌(1960.6. 3차 개헌)]

03
정답 애치슨 선언

해설 애치슨 선언(1950.1.)
미국의 태평양지역 방어선에서 한국과 타이완에서 군사적 충돌이 일어날 경우 미국은 개입하지 않겠다는 선언

> 미국의 극동 방위선은 알류산 열도, 일본 본토를 거쳐 류큐(오키나와 선)로 이어진다. … 방위선은 류큐(오키나와 선)에서 필리핀으로 연결된다. … 이 방위선 밖에 위치한 나라의 안보에 대하여서는 군사적 공격에 대하여 아무도 보장할 수 없다. 만약, 공격이 있을 때에는 … 제1차 조치는 공격을 받은 국민이 이에 저항하는 것이다.
> 애치슨(미 국무 장관),
> 『아시아의 위기』, 1950

04
정답 이승만 정부는 부정과 부패, 장기 집권으로 민심을 잃은 상태에서 이기붕을 부통령으로 당선시키고자 1960년 3월 15일 대대적인 부정선거를 자행하게 되었고, 이에 대항하여 학생과 시민들이 중심이 되어 민주화 운동이 전개되었다.

05

정답 1950년대 후반기부터 미국은 우리나라에게 무상원조로 밀, 면, 설탕을 공급하였다. 정부는 이를 산업의 바탕으로 삼았고 **제분공업, 제당공업, 섬유공업** 등의 산업으로 발전시켰다.

06

정답 박정희 정부의 경제 개발 5개년 정책은 제1차(1962 ~ 1966)와 제2차(1967 ~ 1971), 제3차(1972 ~ 1976)와 제4차(1977 ~ 1981)로 나눌 수 있다. **1960년대 정책**인 제1차는 신발, 의류로 대표되는 **경공업** 위주의 수출이고, 제2차 역시 경공업 중심의 수출 정책 추진으로 **새마을 운동**이 시작되었고(1970), **경부고속도로**가 건설되었다(1970). **1970년대 정책**인 제3차는 **중화학 공업화**를 추진하여 포항제철이 준공되고, 제4차에서는 **수출 100억 달러를 달성**하였다(1977). 이러한 경제 개발 정책으로 소위 '한강의 기적'이라고 말하는 경제성장을 이룩하였지만, 민주주의는 억압받았고 수출주도형 성장 탓에 **석유 파동(1차 1973 ~ 1974, 2차 1978 ~ 1980)** 등에 취약하였고 정경유착과 빈부격차는 심화되었다. 1970년대 경제 위기와 유신독재는 YH무역 사건과 부마항쟁(1979) 등의 반발을 초래하였고 결국 10 · 26 사태로 제4공화국은 붕괴되었다.

☐☐
05 삼백 산업이란 무엇인지 서술하시오.

03　군부 정권과 산업 근대화

☐☐
06 박정희 정부의 경제 개발 5개년 정책에 대해서 서술하시오.

07 다음 설명에서 괄호 안에 들어갈 용어를 순서대로 쓰시오.

> 1972년 발표한 (　　　) 헌법으로 인하여 (　　　)에서 대통령을 선출하도록 함으로써 박정희의 장기 집권을 가능하게 하였다.

»»Q　　[유신체제(1972 ~ 1979)]

구분	내용
독재 체제	민주주의의 기본 원리를 무시한 권위주의 독재 체제의 성립
대통령 권한	국회 해산권, 법관 인사권, 대법원장 임명권, 긴급조치권, 국회의원 1/3 지명권
대통령 임기	임기 6년, 중임제한 폐지
간접 선거	통일주체국민회의에서 대통령을 간접 선거로 선출

08 다음 설명에서 괄호 안에 들어갈 인물이 누구인지 쓰시오.

> 1970년 11월 13일 서울 동대문 평화 시장에서 일하던 재단사 (　　　)은 대통령에게 근로 개선 내용의 편지를 쓰고 자기 몸에 기름을 붓고 불을 붙여 분신하였다.

07
정답 유신, 통일주체국민회의

해설 **유신체제(1972 ~ 1979)**
1972년 7 · 4 남북공동성명을 발표한 직후 박정희 정부는 강력하고도 안정된 정부가 필요하다는 명분으로 비상계엄을 발령하고 10월 유신을 선포하였다.
[문제 하단의 표 참고]

08
정답 전태일

해설 1970년 10월 8일 전태일은 평화시장 (주) 관리사무실을 찾아가 사업주 대표들과 임금 · 노동시간 · 노동환경의 개선, 그리고 노동조합 결성을 지원 등을 협의하였으나, 이후 이행되지 않자 11월 13일 근로기준법 화형식을 하기로 결의하고, 플래카드를 준비해 노동환경 개선을 요구하며 시위를 벌였다.
당시 평화시장 주변에는 시위 소식을 들은 많은 노동자들이 모여들었고, 경찰들은 평화시장을 에워싸고 있었으며, 노동자들은 주위를 향해 소리 높여 그들의 요구를 외쳤으나 플래카드를 경찰에게 빼앗기고, 시위 역시 경찰의 방해로 무위로 끝나갈 즈음, 전태일은 온 몸에 휘발유를 붓고 불을 붙여 분신자살하였다.

04 새로운 국제 질서와 민주주의의 발전

09

정답 1980년대 후반 전 세계적으로 공산 국가의 민주화운동이 진행되는 상황 속에서 **1988년 서울에서 올림픽이 개최**되었다. 이를 계기로 노태우 정부는 적극적인 외교를 전개하여 소련(1990), **중국(1992)**과 외교 관계를 수립하였다.

□□

09 노태우 정부에서 추진한 북방외교에 관해 서술하시오.

10

정답 국제통화기금(IMF)에 구제 금융 요청, 노사정위원회 출범, 기업·금융·공공·노동 개혁

해설 **외환위기(1997 ~ 2001)**
1. 배경 : 신 경제 개발 5개년 계획을 추진하였고 경제 협력 개발 기구(OECD)에 가입하기도 하였으나(1996), 성장 위주의 급격한 경제 성장과 금융권의 부실 등으로 IMF에 긴급 금융 구제 요청을 하게 된다(1997).
2. 경과 : IMF(국제통화기금)의 구제 금융, 구조 조정, 부실기업 등을 정리하며, 경제를 다시 정비한다.
3. 민족의 저력 : 노사정위원회의 출범 여러 기업과 금융기관, 공공기관, 노동 단체들이 힘을 모아 경제 살리기에 주력하였고, 국민들의 저력으로 금 모으기 운동 등을 펼치며 단기간에 IMF의 관리 체제에서 이탈하였다(2001, 외채상환).

□□

10 1997년에 우리나라는 외환위기를 겪어 많은 기업이 도산을 하고 대량의 실업자가 생겨났다. 이에 대한 정부의 대책은 무엇이었는지 서술하시오.

05　북한 사회주의 체제의 형성과 변화

☐☐
11 박정희 정부는 통일 문제와 관련하여 일정 부분 북한과 협의를 보았다. 1972년 7월 4일 오전 10시에 남과 북이 공동으로 발표한 7 · 4 남북공동성명의 3대 통일 원칙이 무엇인지 쓰시오.

☐☐
12 노태우 정부인 1991년 '남북한은 상호 화해와 불가침을 선언하고 민족 내부의 교류와 협력'을 약속하겠다는 협정을 체결하였는데 이 합의가 무엇인지 쓰시오.

더 알아두기　　　　[남북기본합의서(1991)]

남과 북은 분단된 조국의 평화적 통일을 염원하는 오 겨레의 뜻에 따라 7 · 4 남북공동성명에서 천명된 조국 통일 3대 원칙을 재확인하고, … 쌍방 사이의 관계가 나라와 나라 사이의 관계가 아닌 통일을 지향하는 과정에서 잠정적으로 형성되는 특수한 관계라는 것을 인정하고, … 다음과 같이 합의하였다.
〈제1조〉 남과 북은 서로 상대방의 체제를 인정하고 존중한다.
〈제9조〉 남과 북은 상대방에 대하여 무력을 사용하지 않으며 상대방을 무력으로 침략하지 아니한다.
〈제15조〉 남과 북은 민족 경제의 통일적이며 균형적인 발전과 민족 전체의 복리 향상을 도모하기 위하여 자원의 공동 개방, 민족 내부 교류로서의 물자 교류, 합작 투자 등 경제 교류와 협력을 실시한다.

11
정답 자주 통일, 평화적 통일, 민족적 대단결

해설 7 · 4 남북공동성명(1972)
1972년 박정희 정부는 자주 통일, 평화 통일, 민족적 대단결의 3대 원칙을 성명하고, 통일 문제를 협의하기 위한 남북 조절 위원회의 설치에 합의하였다.

첫째, 통일은 외세에 의존하거나 외세의 간섭을 받음이 없이 자주적으로 해결하여야 한다.
둘째, 통일은 서로 상대방을 반대하는 무력 행상에 의거하지 않고 평화적 방법으로 실현하여야 한다.
셋째, 사상과 이념, 제도의 차이를 초월하여 우선 하나의 민족으로서 민족적 대단결을 도모하여야 한다.

12
정답 남북기본합의서

교육이란 사람이 학교에서 배운 것을 잊어버린 후에 남은 것을 말한다.

– 알버트 아인슈타인 –

부록

최종모의고사

얼마나 많은 사람들이 책 한 권을 읽음으로써 인생에 새로운 전기를 맞이했던가.

– 헨리 데이비드 소로 –

제한시간 : 50분 | 시작 ___시 ___분 - 종료 ___시 ___분

🔁 정답 및 해설 161p

01 구석기시대의 생활 모습으로 옳은 것은?

① 유적으로는 상원의 검은모루 동굴, 공주 석장리 등이 있다.
② 농경의 시작으로 인하여 벼를 수확하였다.
③ 움집, 창고, 공동 작업장을 갖춘 마을이 형성되었다.
④ 호랑이 모양과 말 모양의 띠고리 장식을 사용하였다.

02 신석기시대의 사회 모습에 대한 설명으로 가장 적절하지 <u>않은</u> 것은?

① 농경 생활이 시작되었고, 돌괭이, 돌삽, 돌보습, 돌낫 등의 농기구를 사용하였다.
② 집터는 대개 움집 자리로, 바닥은 원형이나 모서리가 둥근 네모형이다.
③ 이 시대의 대표적인 토기는 민무늬 토기이다.
④ 나무와 청동으로 만든 농기구가 발달하여 농업 생산력에 기여하였다.

03 다음 글에서 언급하고 있는 시대의 국가에 대한 설명으로 옳은 것은?

> 그 풍속에 혼인을 할 때 구두로 이미 정해지면 여자의 집에는 대옥 뒤에 소옥을 만드는데, 이를 서옥이라고 한다. 저녁에 사위가 여자의 집에 이르러 문밖에서 자신의 이름을 말하고 꿇어앉아 절하면서 여자와 동숙하게 해줄 것을 애걸한다. 이렇게 두세 차례 하면 여자의 부모가 듣고는 서옥에 나아가 자게 한다. 그리고는 옆에 전백을 놓아둔다.
>
> 『삼국지 동이전』

① 중국과 우호 관계를 맺으며 발전하다가 선비족의 침략을 받고 쇠퇴하였다.
② 12월에 영고라는 하는 제천행사를 지냈으며, 전쟁이 일어났을 때도 거행하였다.
③ 시체를 가매장하였다가 그 뼈를 추려서 목곽에 안치하는 풍습이 있었다.
④ 왕 밑에 상가, 고추가 등의 대가를 두었다.

04 다음 내용에서 ㉠ 국가에 대한 설명으로 옳은 것은?

> ___㉠___ 에서는 백성들에게 금하는 법 8조가 있었다. 그것은 대개 사람을 죽인 자는 즉시 죽이고, 남에게 상처를 입힌 자는 곡식으로 갚는다. 도둑질을 한 자는 노비로 삼는다. 용서받고자 하는 자는 한 사람마다 50만 전을 내야 한다. 비록 용서를 받아 보통 백성이 되어도 풍속에 역시 그들은 부끄러움을 씻지 못하여 결혼을 하고자 해도 짝을 구할 수 없다.

① 옥저와 동예를 정복하였다.
② 족외혼과 책화의 풍습이 있었다.
③ 별도의 행정구역인 사출도가 있었다.
④ 중국의 한과 대립할 정도로 성장하였다.

05 다음에 제시된 역사적 사건들을 시간 순서대로 바르게 나열한 것은?

> ㉠ 고구려에서 율령이 반포되었다.
> ㉡ 이사부가 우산국을 정벌하였다.
> ㉢ 고구려에서 영락이라는 연호가 최초로 사용되었다.
> ㉣ 백제의 왕이 신라 귀족의 딸과 결혼하여 신라와 동맹을 체결하였다.

① ㉠ - ㉢ - ㉣ - ㉡
② ㉠ - ㉣ - ㉢ - ㉡
③ ㉡ - ㉠ - ㉣ - ㉢
④ ㉡ - ㉢ - ㉠ - ㉣

06 백제가 사비성으로 천도한 이후에 나타난 역사적 사실로 옳은 것은?

① 백제는 중앙 집권을 위해 22담로에 왕족을 파견하였다.
② 진흥왕이 한강 유역을 장악하여 순수비를 세웠다.
③ 근초고왕이 마한을 통합하고 남해안까지 진출하였다.
④ 광개토대왕이 신라를 지원하여 백제와 왜의 세력을 물리쳤다.

07 다음 자료에서 밑줄 친 왕의 정책으로 옳은 것은?

> 용이 대답하기를, "왕께서 이 대나무를 가지고 피리를 만들어 불면 천하가 화평할 것입니다. 이제 왕의
> 아버님께서는 바다 속의 큰 용이 되셨고, 유신은 다시 천신이 되셨는데, 두 성인이 같은 마음으로 이처럼
> 값으로 따질 수 없는 보배를 저를 시켜 보냈습니다."라고 하였다. … 이 피리를 불면 가뭄에는 비가 오고
> 장마가 개고 바람도 자고 파도가 그쳤다.
>
> 『삼국유사』

① 독서삼품과를 실시하여 관리를 채용하였다.

② 상대등을 설치하여 화백회의를 주관하게 하였다.

③ 유학 교육을 위해 국학을 설립하였다.

④ 이차돈의 순교를 계기로 불교를 공인하였다.

08 고려 태조의 정책 중 북진 정책의 내용으로 옳은 것은?

① 정계, 계백료서 등을 지어 관리가 지켜야 할 규범을 제시하였다.

② 불교, 유교, 도교, 풍수지리설 등 다양한 사상을 수용하였다.

③ 호족과 혼인 관계를 맺고 큰 공이 있는 자는 왕씨 성을 하사하였다.

④ 거란을 적대시하였고 서경을 중시하여 청천강까지 영토를 넓혔다.

09 다음과 같은 정책들의 공통된 목적으로 가장 적절한 것은?

> • 광종 7년(956), 노비안검법의 실시
> • 공민왕 15년(1366), 전민변정사업의 실시
> • 공양왕 3년(1391), 전제 개혁의 실시

① 신분제도의 개혁

② 전시과의 폐단 개혁

③ 국가의 수입 기반 확대

④ 신진 세력의 경제 기반 확보

10 고려시대의 무신 정권에 대한 설명으로 가장 적절하지 <u>않은</u> 것은?

① 무신들은 중방을 중심으로 권력을 행사하면서 주요 관직을 독차지하였다.

② 최충헌은 최고 집정부 구실을 하는 교정도감을 설치하였고, 도방을 확대하여 군사적 기반을 확립하였다.

③ 최우는 문무백관의 인사 행정을 담당하는 서방과 능력 있는 문신을 등용하기 위한 정방을 설치하였다.

④ 삼별초는 좌별초와 우별초 및 몽골에 포로로 잡혀갔다가 돌아온 병사들로 조직된 신의군으로 구성되었다.

11 (가) ~ (다)는 고려시대 대외관계와 관련된 자료이다. 이를 시기순으로 바르게 나열한 것은?

> (가) 윤관이 신이 여진에게 패한 이유는 여진군은 기병인데 우리는 보병이라 대적할 수 없었기 때문입니다. 라고 아뢰었다.
>
> (나) 서희가 소손녕에게 "우리나라는 고구려의 옛 땅이오. 그러므로 국호를 고려라 하고 평양에 도읍하였으니, 만일 영토의 경계로 따진다면, 그대 나라의 동경이 모두 우리 경내에 있거늘 어찌 침식이라 하리오."라고 주장하였다.
>
> (다) 살리타가 처인성을 공격하니, 한 승려가 난리를 피하여 성에 있다가 살리타를 쏘아 죽였다. 국가에서 그 공을 가상하게 생각하여 상장군의 벼슬을 주었으나, 그 승려가 공을 다른 사람에게 돌리며, "한창 싸울 때에 나는 활과 화살이 없었는데, 어찌 감히 함부로 과분한 상을 받겠습니까."하고 사양하고 받지 않았다.

① (가) – (나) – (다)

② (나) – (가) – (다)

③ (나) – (다) – (가)

④ (다) – (나) – (가)

12 다음 자료와 관련 있는 국왕에 대한 설명으로 옳은 것은?

> 정방은 권신이 처음 설치한 것이니, 어찌 조정에서 벼슬을 주는 뜻이 되겠는가. 이제 마땅히 없애고, 3품 이하 관리는 재상과 함께 의논하여 진퇴를 결정할 것이니, 7품 이하는 이부와 병부에서 의논하여 아뢰도록 하라.

① 관학 진흥책으로 서적포를 설치하였다.

② 노비안검법을 실시하여 국가의 수익 기반을 확대하였다.

③ 원의 수도에 만권당을 설립하였다.

④ 성균관을 순수한 유교교육기관으로 개편하고 유교교육을 강화하였다.

13 다음 중 고려 농민의 생활 모습으로 옳은 것은?

① 공납으로 토산물 대신 쌀이나 무명 등을 납부하였다.
② 농가집성을 보고 새로운 농업 기술을 익혔다.
③ 밭에서 2년 동안 조, 보리, 콩을 번갈아 재배하였다.
④ 담배를 재배하여 시장에서 팔았다.

14 경국대전을 반포한 국왕에 대한 설명으로 옳지 <u>않은</u> 것은?

① 직전제 실시 이후 심해진 관리들의 수탈을 방지하기 위하여 관수관급제를 시행하였다.
② 법전 편찬에 심혈을 기울여 조선경국전과 경제문감 등을 간행하였다.
③ 왕권을 안정시키고 사림정치의 기반을 조성하였다.
④ 국가의 행사에 필요한 의례를 정리하여 국조오례의를 편찬하였다.

15 조선시대의 관리 등용 제도인 과거 시험에 대한 설명으로 <u>틀린</u> 것은?

① 과거에는 문관을 뽑는 문과와 무관을 뽑는 무과, 기술관을 뽑는 잡과가 있었다.
② 정기 시험인 식년시와 부정기 시험인 증광시와 알성시 등이 있었다.
③ 소과에 합격하면 성균관에 입학할 자격이 주어졌다.
④ 조선 전기에는 양인이나 천인 모두가 문과에 응시할 수 있었다.

16 다음 항목들로 평가를 받았던 조선시대 관리에 대한 설명으로 옳은 것은?

농상성(農桑盛)	사송간(詞訟簡)	간활식(奸猾息)	호구증(戶口增)
학교흥(學校興)	군정수(軍政修)	부역균(賦役均)	

① 직역과 신분이 대대로 세습되는 경우가 많았다.
② 문과에 합격한 관리들만 임용되었다.
③ 유향소에서 양반들에 의해 선출되었다.
④ 지방의 행정·사법·군사권을 가지고 있었다.

17 다음 연표에서 (가) ~ (라) 시기에 있었던 사실로 옳은 것은?

	(가)	(나)	(다)	(라)	
연산군 즉위	갑자 사화	기묘 사화	을사 사화	선조 즉위	

① (가) - 중종반정으로 연산군이 쫓겨났다.

② (나) - 조광조가 급진적인 개혁을 추진하였다.

③ (다) - 동인과 서인이라는 붕당이 형성되었다.

④ (라) - 왕의 생모 사사 사건이 알려지면서 발생하였다.

18 조선 전기(15 ~ 17세기)의 중앙 정치에 대한 설명으로 옳지 <u>않은</u> 것은?

① 붕당은 정치적 이념과 학문적 경향에 따라 결집되었다.

② 삼사는 권력의 독점과 부정을 방지하는 데 기여하였다.

③ 사화로 갈등이 격화되면서, 정국이 급격하게 전환되는 환국정치가 시작되었다.

④ 합리적인 인사 행정 제도가 갖추어져 이전 시기보다 관료제적 성격이 강해졌다.

19 다음 자료 속의 (가)와 (나) 붕당에 대한 설명으로 옳은 것은?

> 김효원이 알성 과거에 장원으로 합격하여 이조 전랑의 물망에 올랐으나, 그가 윤원형의 문객이었다 하여 심의겸이 반대하였다. 그 후에 심의겸의 동생 심충겸이 장원급제하여 전랑으로 천거되었으나, 외척이라 하여 효원이 반대하였다. … 심의겸을 따르던 세력은 (가)로, 김효원을 따르던 세력은 (나)로 발전하였다.
>
> 『연려실기술』

① (가) - 이황 · 조식 · 서경덕의 문인이 가담하였다.

② (가) - 기해예송 당시 1년설을 주장하였다.

③ (나) - 성리학적 의리론에 구애받지 않고 중립외교 노선을 취하였다.

④ (나) - 기사환국으로 인하여 재집권에 성공하였다.

20 조선 후기 영조의 정책으로 가장 적절하지 <u>않은</u> 것은?

① 군역의 부담을 줄여주기 위해 양역의 군포를 1필로 통일하는 균역법을 시행하였다.

② 산림(山林)의 존재를 인정하지 않고, 그들의 본거지인 서원을 상당수 정리하였다.

③ 각 붕당의 주장이 옳은지 그른지를 명백히 가리는 적극적인 탕평책을 추진하였다.

④ 아버지가 노비라도 어머니가 양민이면 자식을 양민으로 삼는 법을 시행하였다.

21 다음 글을 남긴 조선 후기의 실학자는?

> 고려가 발해사를 편찬하지 않은 것을 보면 고려가 국세를 떨치지 못했음을 알 수 있다. … 그러나 부여씨와 고씨가 망한 다음에 김씨의 신라가 남에 있었고, 대씨의 발해가 북에 있었으니 이것이 남북국이다. 마땅히 남북사가 있어야 할 터인데, 고려가 편찬하지 않은 것은 잘못이다.

① 이긍익

② 김정호

③ 유득공

④ 정약용

22 다음과 같은 그림이 유행하던 시기의 문화에 관한 설명으로 옳지 <u>않은</u> 것은?

① 양반 사회를 풍자한 한글 소설이 유행하였다.

② 탈놀이와 산대놀이 등의 서민 문화가 발달하였다.

③ 중인층과 부농층의 문예 활동이 활발하였다.

④ 청자에 백토의 분을 칠한 분청사기가 유행하였다.

23 다음 사건들과 관련 있는 종교에 관한 설명으로 옳은 것은?

> 신해박해(1791) → 신유박해(1801) → 기해박해(1839) → 병인박해(1866)

① 나철, 오기호 등이 단군신앙을 발전시켜 창시하였다.
② 최제우가 인내천 사상을 내걸고 창시하였다
③ 개항 후 프랑스 선교사에 의해 전래되기 시작하였다.
④ 유교 제사 의식 거부로 조선 정부로부터 탄압을 받았다.

24 (가)와 (나) 사이에 있었던 역사적 사실로 옳지 않은 것은?

> (가) 병인년에 프랑스 배들이 강화도를 향해 돌진하여 포를 터트리니 소리가 천지를 진동시켰다. 여러 진(鎭)이 공격을 받아 불꽃이 하늘로 치솟았다.
> (나) 서양 오랑캐가 침범하는데도 싸우지 않음은 곧 화친하는 것이오, 화친을 주장함은 곧 나라를 파는 것이다. …(중략)… 신미년에 비(碑)를 세우다.

① 외적이 광성보를 공격하자 어재연이 이끄는 부대는 격렬하게 항전하였다.
② 프랑스는 조선과 조약을 체결한 후 천주교 포교를 허용받았다.
③ 독일 상인 오페르트는 남연군의 무덤을 도굴하려 하였다.
④ 미국은 제너럴서먼호 침몰 사건을 구실로 강화도를 침공하였다.

25 다음 사건과 관련된 설명으로 옳지 않은 것은?

> • 임오년 6월 9일, 무위영 군졸들이 선혜청 책임자인 민겸호의 집으로 쳐들어가 그 집을 모두 부수었다. 한편, 군졸들은 운현궁으로 가서 대원군에게 호소하였다.
> • 임오년 6월 10일, 군졸과 백성들이 창덕궁 궐내에 난입하자, 고종은 급히 대원군의 입궐을 명하였다. 군졸들은 민겸호 등을 살해하고, 이어서 왕비를 찾았다. 왕비는 궐내를 빠져나가 충주에 있는 민응식의 집으로 비밀리에 피신하였다.
>
> 『승정원일기』

① 일본은 이 사건 이후 공사관 경비를 구실로 군대를 주둔시켰다.
② 청은 이 사건의 책임자로 흥선대원군을 압송해 갔다.
③ 청군과 일본군의 공동철수를 조건으로 하는 톈진조약이 체결되었다.
④ 청은 정치・외교 고문을 파견하여 조선의 내정을 간섭하였다.

26 밑줄 친 '개혁'의 내용으로 옳은 것은?

> 독립협회가 해산된 후 대한제국은 황제 중심의 근대국가를 수립하기 위하여 노력하였다. ··· (중략) ···
> 대한제국의 개혁 이념은 옛 법을 근본으로 하고 새로운 제도를 참작한다는 것이었다. 갑오개혁이 지나치게
> 급진적으로 진행되었다고 생각하여 점진적인 개혁을 추구한 것이었다.

① 지조법을 개혁하고 혜상공국을 폐지하려 하였다.
② 황제의 군사권을 강화하고자 원수부를 설치하였다.
③ 태양력을 사용하고 건양이라는 연호를 제정하였다.
④ 관민공동회를 종로에서 개최하고 헌의 6조를 채택하였다.

27 다음 중 대한제국이 추진한 정책으로 옳지 <u>않은</u> 것은?

① 지계아문을 통해 최초의 토지 소유권 증명서인 지계를 발급하였다.
② 고등 재판소를 평리원으로 개칭하고 순회 재판소를 설치하였다.
③ 대한국 국제를 제정하여 황제권을 강화하고 입헌군주제를 천명하였다.
④ 북간도에 간도 관리사를 파견하였고 함경도에 편입시켜 관리하였다.

28 다음 자료에 나타난 의병과 관련된 설명으로 옳은 것은?

> 가평 · 원주 · 제천의 여러 의병은 모두가 해산 군인들로 서양 총을 가지고 있고 일찍이 조련을 거쳤으며
> 규율이 있어 일본군과 교전에서는 살상이 심히 많고 세력이 장대하여 의병 수가 4 ~ 5천 명이라고 한다.
> 『속음청사』

① 신돌석 등의 평민 의병장이 처음 등장하여 활약하였다.
② 13도 창의군은 양반과 평민 의병장의 지휘 아래 서울 진공 작전을 추진하였다.
③ 각국 영사관에 통문을 보내 국제법상의 교전 단체로 승인해 줄 것을 요구하였다.
④ 국왕의 해산 권고 조칙에 따라 대부분 의병이 해산하였다.

29 (가), (나) 국가에 대한 설명으로 〈보기〉에서 옳은 것을 모두 고른 것은?

> • 일본은 필리핀에 대하여 어떠한 침략적 의도를 품지 않으며, (가)의 필리핀 지배를 확인한다(1905.7.).
> • (나)은(는) 일본제국 정부가 한국에서 필요하다고 인정하는 지도·보호 및 감리의 조치를 취하는 데 이를 저지하거나 간섭하지 않을 것을 약속한다(1905.9.).

─ 보기 ─
ㄱ (가) – 병인박해를 구실로 강화도를 침략하였다.
ㄴ (가) – 19세기 말 운산 금광 채굴권을 획득하였다.
ㄷ (나) – 헤이그 특사의 활동을 외교적으로 지원하였다.
ㄹ (나) – 명성 황후 시해 사건 이후 고종에게 공관을 거처로써 제공하였다.

① ㄱ, ㄴ
② ㄱ, ㄷ
③ ㄴ, ㄷ
④ ㄴ, ㄹ

30 자료에서 도출한 (가) 의병의 설명으로 옳지 않은 것은?

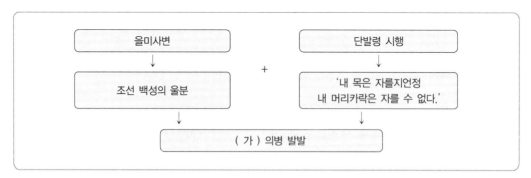

① 양반 유생들이 주도하였다.
② 동학의 잔여세력이 참여하였다.
③ 고종의 권고 조칙으로 해산하였다.
④ 평민 출신 의병장이 등장하였다.

31 일제 강점기의 일본의 식민 통치에 대한 설명으로 가장 적절한 것은?

① 3 · 1 운동은 일본의 통치 방법을 바꾸는 결정적인 계기가 되었다.
② 1910년대 일본은 우리 민족을 회유하기 위하여 문화통치를 펼쳤다.
③ 1920년대 실시된 회사령은 우리 민족의 기업 설립을 방해하였다.
④ 1930년대 이후 전쟁이 시작되면서 보통경찰제가 헌병경찰제로 바뀌었다.

32 1920년대 있었던 물산장려운동에 대한 설명으로 옳은 것은?

① 민족주의계와 사회주의계의 지원이 활발하게 전개되었다.
② '한민족 일천만이 한사람 일원씩'의 구호를 내걸었다.
③ 평양에서 시작되어 서울을 거쳐 전국으로 확산되었다.
④ 황성신문, 대한매일신보 등의 적극적인 지원을 받았다.

33 1930년대 이후 조선총독부의 지배 정책에 해당하지 <u>않는</u> 것은?

① 만주사변 이후 남면북양 정책을 실시하여 일본 방직 자본가를 보호하였다.
② 일본 내 쌀값의 안정을 위하여 산미증식계획을 실현하려 하였다.
③ 태평양전쟁 이후 징병제를 실시하여 조선인 청년을 국내외로 동원하였다.
④ 침략전쟁에 필요한 근로보국대 동원, 놋그릇 공출 등 노동력과 물자의 수탈을 강화하였다.

34 다음 글을 쓴 인물에 대한 설명으로 옳은 것은?

> 옛 사람들이 말하기를 나라는 가히 멸할 수 있으나, 역사는 가히 멸할 수 없으니, 대개 나라는 형(形)이나 역사는 신(神)이기 때문이다.
>
> 『한국통사』서문

① 조선심의 개념을 중시하고 한글을 그 결정체로 보았다.

② 5천 년간 조선의 얼이라는 글을 써서 민족정신을 고취하였다.

③ 실천적인 새로운 유교 정신을 강조하는 유교 구신론을 주장하였다.

④ 3·1운동 때 민족 대표 33인의 한 사람이며, 일제의 사찰령에 반대하였다.

35 다음 사건들을 순서대로 나열한 것으로 옳은 것은?

> ㉠ 자유시 참변   ㉡ 봉오동 전투
> ㉢ 간도 학살(경신참변)   ㉣ 청산리 전투

① ㉠ – ㉡ – ㉢ – ㉣

② ㉠ – ㉢ – ㉣ – ㉡

③ ㉡ – ㉣ – ㉢ – ㉠

④ ㉢ – ㉠ – ㉡ – ㉣

36 다음 중 좌우합작 위원회와 관련된 설명으로 옳은 것은?

① 김구의 참여로 더욱 활기를 띠게 되었다.

② 유엔의 남한 단독 선거 결정에 대항하여 진행하였다.

③ 미군정의 반대와 탄압 속에서 활동하였다.

④ 위원회는 모스크바 3국 외상 회의의 결정을 수용하였다.

37 다음 주장에 대한 설명으로 옳은 것을 〈보기〉에서 고른 것은?

> 이제 우리는 무기한 휴회된 미·소 공동위원회가 다시 열릴 기색도 보이지 않으며, 통일 정부를 고대하였으나 여의치 않게 되었다. 우리 남한만이라도 임시정부 또는 위원회 같은 것을 조직하여 38도선 이북에서 소련이 물러가도록 세계 여론에 호소하여야 될 것이니, …

보기

㉠ 송진우, 김성수 등의 한국 민주당은 이 주장을 지지하였다.
㉡ 제1차 미·소 공동위원회가 결렬된 직후 정읍에서 이 주장이 제기되었다.
㉢ 유엔 총회는 이 주장을 받아들여 유엔 한국 임시 위원단을 구성하였다.
㉣ 좌우익 사이에서 중도적 입장을 여운형, 김규식 등은 이 주장에 적극 동조하였다.

① ㉠, ㉡
② ㉠, ㉣
③ ㉡, ㉢
④ ㉢, ㉣

38 다음 내용과 관련된 헌법 개정안의 내용으로 옳은 것은?

> 대통령은 계엄령을 선포하고, 국회 해산을 요구하였으며, 다음 날 50여 명의 국회의원이 탄 통근버스가 헌병대에 강제 연행되었고, 국제 공산당에 관련되었다는 혐의로 10여 명의 국회의원이 붙잡혔다.
> 군경들이 국회의사당을 포위하여 험악한 분위기 속에서 7월 4일 밤, 국회의원들은 기립하는 방식으로 투표하여 찬성 163, 기권 3표로 발췌 개헌안을 통과시켰다.

① 임기 5년의 대통령 직선제와 대통령 단임제
② 대통령 직선제와 국회의 국무위원 불신임제
③ 초대 대통령에 한하여 연임 제한 규정 철폐
④ 임기 6년의 대통령제와 중임제한 철폐

39 다음 자료와 관련된 민주화 운동에 대한 설명으로 가장 옳은 것은?

> 지난 6월 9일 오후 교내 시위 도중 경찰이 쏜 최루탄 파편에 맞아 중상을 입고 입원 중인 연세대생 이한열군은 4일째 의식을 회복하지 못한 채 중태다. 연세대 상경대 교수 일동은 … 최루탄 난사를 포함한 과잉진압을 금지하고 이 같은 사태의 재발을 방지하기 위한 근본적인 대책을 수립하라고 요구하였다.

① 정부의 인권 탄압과 긴급조치를 비판하였다.
② 야당 당수를 국회에서 제명한 것이 계기가 되었다.
③ 학생과 시민들이 민주 헌법 쟁취를 구호로 내세웠다.
④ 학생들은 비상 계엄령 해제와 신군부 퇴진을 요구하였다.

40 다음 선언을 발표한 정부의 정책으로 옳은 것은?

> 1. 남과 북은 나라의 통일 문제를 그 주인인 우리 민족끼리 서로 힘을 합쳐 자주적으로 해결해 나가기로 하였다.
> 2. 남과 북은 나라의 통일을 위한 남측의 연합제 안과 북측의 낮은 단계의 연방제 안이 서로 공통성이 있다고 인정하고 앞으로 이 방향에서 통일을 지향시켜 나가기로 하였다.
> 4. 남과 북은 경제 협력을 통하여 민족 경제를 균형적으로 발전시키고 사회, 문화, 체육, 보건, 환경 제반 분야의 협력과 교류를 활성화하여 서로의 신뢰를 다져 나가기로 하였다.

① 한일국교 정상화가 이루어졌다.
② 조선총독부 건물을 철거하였다.
③ 외환위기를 극복하였다.
④ 고속철도(KTX)를 개통하였다.

제한시간: 50분 | 시작 ___시 ___분 – 종료 ___시 ___분

⊡ 정답 및 해설 168p

01 다음 설명에 해당하는 토기는?

> 밑이 납작한 항아리 양쪽 옆으로 손잡이가 하나씩 달리고 목이 넓게 올라가서 다시 안으로 오므라들고, 표면에 집선(集線)무늬가 있는 것이 특징이다. 주로 청천강 이북, 요령성과 길림성 일대에 분포한다. 이 토기는 고인돌, 거친무늬거울, 비파형 동검과 함께 고조선의 특징적인 유물로 간주된다.

① 빗살무늬 토기
② 미송리식 토기
③ 눌러찍기무늬 토기
④ 이른민무늬 토기

02 다음 중 부여에 대한 설명으로 가장 적절하지 <u>않은</u> 것은?

① 영고라는 제천행사를 하였는데 수렵사회의 전통으로 전 국민적인 축제였다.
② 만주 길림시 일대를 중심으로 송화강 유역의 평야 지대에서 성장하였다.
③ 가(加)들은 저마다 따로 행정 구획인 사출도를 다스렸다.
④ 중대한 범죄자는 제가회의를 통하여 사형에 처하고, 그 가족을 노비로 삼았다.

03 ⊙ ~ ⓒ에 해당하는 왕의 업적으로 옳은 것은?

> 고구려 ⊙ 왕 때 전진에서 승려 순도(順道)가 불상과 불경을 전하였으며, 백제는 ⓒ 왕 때 동진에서 고승 마라난타(摩羅難陀)가 불교를 전하였다. 신라의 불교는 눌지왕 때 고구려에서 온 승려 묵호자가 전하고 소지왕 때 다시 고구려에서 승려 아도가 전하였으나 ⓒ 왕 때 이차돈의 순교 후 비로소 공인되었다.

① ⊙ - 수도를 국내성에서 평양으로 옮겼다.
② ⓒ - 신라와 백제가 친선정책을 추진하였다.
③ ⓒ - 황룡사를 짓고 9층 목탑을 건립하였다.
④ ⓒ - 법령을 반포하고 금관가야를 병합하였다.

04 다음 자료의 (가)에 대한 설명으로 옳은 것은?

> 이에 우리 태조께서 흑창을 설치하여 굶주린 백성을 진대하는 것을 불변의 법식으로 삼았다. 지금 인구가 점점 늘고 있는데, 저축된 것은 많지 않다. 쌀 1만 석을 더하고 이름도 (가)(으)로 고치도록 하라. 또 여러 주부(州府)에도 각각 (가)을(를) 두고자 한다.
>
> 『고려사절요』

① 기금을 마련하여 그 이자로 빈민을 구제하였다.
② 각종 재해가 발생할 때에 임시 기관으로 설치되었다.
③ 평시에 곡물을 비치하였다가 흉년에 빈민을 구제하였다.
④ 민생의 안정을 위해 정부에서 물가 안정 기구를 설치하였다.

05 다음은 고려에 침입한 적장과 서희와의 대화이다. 다음 중 적국에 대한 설명으로 옳은 것은?

> 적장 : 고려는 신라의 땅에서 일어났는데도 우리가 소유하고 있는 고구려 땅을 침식하고 있으니 고려가
> 차지한 고구려의 옛 땅을 내놓아라. 또한, 고려는 우리나라와 땅을 연접하고 있으면서도 바다를
> 건너 송을 섬기고 있으니 송과 단교한 뒤 요와 통교하라.
>
> 서희 : 우리나라는 고구려를 계승하여 고려라 하고 평양에 도읍하였으니, … 어찌 침식했다고 할 수 있느
> 냐? 또한, 압록강 내외도 우리의 경내인데, 지금 여진족이 할거하여 그대 나라와 조빙을 통하지
> 못하고 있으니, 만약에 여진을 내쫓고 우리 땅을 되찾아 성보를 쌓고 도로가 통하면 조빙을 닦겠다.

① 고려는 이들의 침입을 물리치고 강동 6주를 획득하였다.
② 자신들의 사신이 피살되자 이를 구실로 침략하였다.
③ 철령위를 설치하여 철령 이북의 땅을 차지하려 하였다.
④ 금을 건국한 후 고려에 군신 관계를 맺자고 압력을 가해 왔다.

06 다음 내용과 관련 있는 왕이 실시한 정책으로 옳은 것은?

> 충숙왕의 둘째 아들로서 원나라 노국대장공주를 아내로 맞이하고 원에서 살다가 원의 후원으로 왕위에
> 올랐으나 고려인의 정체성을 결코 잃지 않았다.

① 정동행성의 이문소를 폐지하였다.
② 수도를 한양으로 옮겼다.
③ 전시과 제도를 처음 시행하였다.
④ 연구기관인 만권당을 설립하였다.

07 다음 풍속이 유행할 무렵에 있었던 문화적 사실로 가장 옳은 것은?

> • 증류 방식의 술인 소주가 등장하였다.
> • 임금의 음식을 가리키는 '수라'라는 말이 사용되었다.
> • 남자들 사이에서 머리의 뒷부분만 남겨놓고 주변의 머리털을 깎아 나머지 모발을 땋아서 등 뒤로 늘어뜨리는 머리 스타일이 나타났다.

① 최충이 9재 학당을 세웠다.
② 김부식이 삼국사기를 편찬하였다.
③ 상감청자가 유행하기 시작하였다.
④ 개성에 경천사지 10층 석탑이 세워졌다.

08 조선 전기 왕의 정책과 관련된 설명으로 옳지 <u>않은</u> 것은?

① 태조 때에는 정도전 등 공신들의 주도로 재상 중심의 정치 체제가 갖추어졌다.
② 태종은 6조 직계제를 실시하여 왕을 중심으로 국정을 운영하였다.
③ 세종은 의정부 서사제를 실시하여 왕의 권한을 더욱 강화하였다.
④ 성종은 통치체제를 정비하고 기본 법전인 경국대전을 반포하였다.

09 다음과 같은 조세제도가 실시된 시기에 있었던 일로 옳지 <u>않은</u> 것은?

> 토지 비옥도와 풍흉의 정도에 따라 전분 6등법, 연분 9등법으로 바꾸고 조세 액수를 1결당 최고 20두에서 최하 4두를 내도록 하였다.

① 안평대군의 꿈을 바탕으로 안견이 몽유도원도를 그렸다.
② 충신, 효자, 열녀 등의 행적을 그리고 설명한 삼강행실도가 편찬되었다.
③ 이암이 중국의 농서인 농상집요를 소개하였다.
④ 소리의 장단과 높낮이를 표현할 수 있는 정간보를 창안하였다.

10 다음 중 붕당 정치의 전개와 관련된 설명으로 옳지 <u>않은</u> 것은?

① 광해군의 중립외교 정책을 북인이 지지하였다.

② 인조반정 이후 서인들의 강경책으로 호란이 발발하였다.

③ 정여립 모역 사건으로 인하여 북인과 남인으로 분당되었다.

④ 숙종 때 탕평책을 통하여 환국을 슬기롭게 헤쳐 나아갔다.

11 밑줄 친 '국왕'이 실시한 정책으로 옳은 것은?

> <u>국왕</u>은 행차 때면 길에 나온 백성들을 불러 직접 의견을 들었다. 또한, 척신 세력을 제거하여 정치의 기강을 바로 잡았고, 당색을 가리지 않고 어진 이들을 모아 학문을 장려하였다. 침전에는 '탕탕평평실'이라는 편액을 달았으며, '하나의 달빛이 땅 위의 모든 강물에 비치니 강물은 세상 사람들이요, 달은 태극이며 그 태극은 바로 나다.'라고 하였다.

① 규장각을 설치하고 서얼 출신을 검서관으로 등용하였다.

② 백성들의 조세 부담을 줄여주기 위해 영정법을 실시하였다.

③ 3사와 이조 전랑의 권한을 약화시켜 왕권을 강화하였다.

④ 붕당의 근거지가 되어 폐해를 일으키던 서원들을 대폭 정리하였다.

12 다음 그림이 제작될 당시의 경제생활 모습으로 옳은 것을 〈보기〉에서 모두 고른 것은?

┌ 보기 ┐
ⓐ 선대제 수공업이 성행하였다.
ⓑ 은광, 금광의 개발이 성행하였다.
ⓒ 관허 상인 중심으로 상업이 운영되었다.
ⓓ 장시는 전국적인 유통망으로 연결되었다.

① ㉠, ㉢
② ㉠, ㉡, ㉣
③ ㉠, ㉢, ㉣
④ ㉡, ㉢, ㉣

13 다음은 우리나라 근대 우편 사무의 변화이다. 직접적인 계기가 된 역사적 사건 (가)의 내용으로 옳은 것은?

우편 사무 정지 → (가) → 우편 사무 재개

① 묄렌도르프의 내정 간섭
② 독립협회의 이권 수호 운동
③ 광무 정권의 상공업 장려 정책
④ 김홍집 내각이 수행한 업무

14 다음은 사건의 구호를 나타낸 것이다. 시대순으로 바르게 배열한 것은?

> (가) 보국안민, 제폭구민!!
> (나) 단발령을 철폐하라!!
> (다) 대한제국 선포!!
> (라) 관선, 민선의원 각각 25명으로 의회를 구성합시다!!

① (가) – (나) – (다) – (라)
② (가) – (다) – (나) – (라)
③ (가) – (라) – (다) – (나)
④ (나) – (가) – (다) – (라)

15 대한제국에 대한 설명으로 옳지 <u>않은</u> 것은?

① 원수부를 설치하고 시위대, 진위대를 강화하였다.
② 양전 사업을 실시하여 근대적 토지증서인 지계(地契)를 발급하였다.
③ 상공업의 진흥 정책을 시행하고 민간회사 설립도 지원하였다.
④ 조세의 부과와 징수, 경비의 지출은 모두 탁지아문이 관할한다.

16 다음 조약에 직접적으로 영향을 준 사건이 <u>아닌</u> 것은?

> • 일본국 정부는 동경의 외무성을 경유하여 금후에 한국의 외국에 대한 관계 및 사무를 감리지휘할 것이요, 일본국의 외교 대표자 및 영사는 외국에서의 한국의 신민 및 이익을 보호할 것임
> • 일본국 정부는 한국과 타국 간에 현존하는 조약의 실행을 완수하는 임무를 담당하고 한국 정부는 금후 일본국 정부의 중계를 거치지 않고서는 국제적 성질을 가진 어떤 조약이나 약속을 맺지 않을 것을 서로 약속함

① 포츠머스 조약
② 시모노세키 조약
③ 제2차 영일 동맹
④ 가쓰라 · 태프트 밀약

17 다음은 어느 해의 주요 사건을 정리한 연표이다. 이 해에 해당하는 시기에 일어난 사실로 옳은 것은?

- 7월 20일 황제 양위식 거행
- 24일 한일 신협약 체결(정미 7조약)
- 31일 군대 해산 조칙 발표
- 8월 2일 융희 연호
- 27일 황제 즉위식 거행

① 외교권 박탈을 계기로 의병이 일어났다.
② 만주 하얼빈에서 초대 통감이 저격되었다.
③ 제2차 만국평화회의에 특사를 파견하였다.
④ 전명운과 장인환이 스티븐스를 처단하였다.

18 일제의 경제수탈정책에 대한 설명으로 옳지 않은 것은?

① 1910년에 시작된 토지조사사업으로 인하여 농민이 오랫동안 누려왔던 관습적인 경작권은 부정되었다.
② 1920년대 조선총독부는 회사의 설립과 해산을 신고제에서 허가제로 강화하였다.
③ 1920년대 일제는 자국의 식량 문제를 해결하기 위하여 산미증식계획을 시행하였다.
④ 1930년대 이후 일제는 대륙 침략을 위하여 공업화정책을 추진하였다.

19 1920년대 전개한 민족운동과 그 설명으로 적절하지 않은 것은?

① 조선어 연구회 활동 – 가갸날을 제정하자.
② 신간회 결성 – 단결을 공고히 하라.
③ 브나로드 운동 전개 – 아는 것이 힘. 배워야 한다.
④ 민립 대학 설립 운동 시작 – 교육의 권리를 보장하라.

20 (가) 군대에 대한 설명으로 가장 옳은 것은?

> 대한민국 임시정부는 1919년 정부가 공포한 군사 조직법에 의거하여 중화민국 총통 장개석 원수의 특별 허락으로 중화민도 영토 내에서 (가)을(를) 창설함을 선포한다. 중화민국 국민과 합작하여 우리 두 나라의 독립을 회복하고자 공동의 적인 일본 제국주의자들을 타도하기 위하여 연합군의 일원으로 항전을 계속한다.

① 전력을 보전하기 위하여 자유시로 이동하였다.

② 중국군과 화북 지방에서 공동 작전을 전개하였다.

③ 쌍성보와 대전자령 전투에서 커다란 전과를 거두었다.

④ 국내 진공 작전을 계획하였으나 일본의 패망으로 기회가 무산되었다.

21 다음 글의 저자에 대한 설명으로 가장 옳은 것은?

> 우리 조선의 역사적 발전의 전 과정은 가령 지리적 조건, 인종학적 골상, 문화 형태의 외형적 특징 등 다소의 차이는 인정되더라도, 외관적인 특수성은 다른 문화 민족의 역사적 발전 법칙과 구별되어야 하는 독자적인 것이 아니며, 세계사적인 일원론적 역사 법칙에 의해 다른 민족과 거의 같은 궤도로 발전 과정을 거쳐온 것이다.

① 고대사 연구에 치중하여 조선상고사, 조선사연구초 등을 저술하였다.

② 민족정신을 혼으로 파악하여 혼이 담겨있는 민족사의 중요성을 강조하였다.

③ 진단학회를 조직하고 한국사를 실증적으로 연구하는 실증사학을 발전시켰다.

④ 한국사를 세계사적인 보편성 위에서 체계화하여 식민사관을 극복하려 하였다.

22 다음과 같은 전시회에서 (가)와 관련하여 볼 수 있는 사진으로 옳지 <u>않은</u> 것은?

(가) 특별 기획전
- 기간 : 20△△.6.25. ~ 20△△.12.31.
- 전시내용 : 한국군의 전투 상황, 피난민의 사진과 영상 및 기록물, DMZ(비무장지대)의 비공개 사진과 영상

① 베트남 파병
② 인천상륙작전
③ 중국군 참전
④ 휴전 협정 체결

23 다음 신문기사에서 (가)에 들어갈 역사적 사실로 옳은 것은?

○○ 일보
20○○년 ○월 ○일
[(가)   ] ○○주년을 맞아 김주열 열사 추모행사가 전북 남원시 금지면 옹정리 김주열 열사 묘역에서 열렸다. 당시 3 · 15 부정 선거에 항거하며, 마산에서 시위하던 김주열 열사는 경찰이 쏜 최루탄에 맞아 숨진 채 마산 앞바다에서 발견되었다. …

① 12 · 12 사태
② 4 · 19 혁명
③ 5 · 16 군사정변
④ 5 · 18 광주 민주항쟁

24 다음은 시기별 남북한 관련 주요 정치 사안이다. (가)에 들어갈 사항으로 옳은 것만을 〈보기〉에서 모두 고른 것은?

- 1970년대 : | (가) |
- 1980년대 : 남북한 이산가족 고향 방문 및 예술 공연단의 교환 방문
- 1990년대 : 남북한 유엔 동시 가입
- 2000년대 : 6 · 15 남북공동선언 채택

┌ 보기 ─────────────────────────────
ⓒ 남북정상회담 개최
ⓒ 7 · 4 남북공동성명 발표
ⓒ 남북 적십자 회담 개최
ⓒ 한민족 공동체 통일 방안 제안
└───────────────────────────────

① ㉠, ㉡
② ㉠, ㉢
③ ㉡, ㉢
④ ㉢, ㉣

주관식 문제

01 신석기 혁명이란 무엇인지 서술하시오.

02 고려 광종의 개혁정치에 대해 서술하시오.

03 조선시대 왕권 견제기구인 3사의 기구를 나열하고 기구의 역할을 서술하시오.

04 우리나라 역사상 대한민국 임시정부가 가지는 의미에 대하여 약술하시오.

01	02	03	04	05	06	07	08	09	10	11	12	13	14	15	16	17	18	19	20
①	③	④	④	①	②	③	④	③	③	②	④	③	②	④	④	②	③	②	③
21	22	23	24	25	26	27	28	29	30	31	32	33	34	35	36	37	38	39	40
③	④	④	②	③	②	③	③	④	④	①	③	②	③	③	③	①	③	③	③

01 **정답** ①
① 상원 검은모루 유적은 가장 오래된 구석기 동굴 유적으로 동물의 화석이 발견되었고, 공주 석장리 유적은 남한 최초로 발견된 구석기 유적지이며 막집 등이 발견되었다.
② 청동기시대에는 조, 보리, 콩, 벼농사를 지었으며, 계급이 분화되어 부족을 지배하는 족장(군장)이 등장하였다.
③ 청동기시대의 움집은 주거용 외에 창고, 공동작업장, 집회소, 공공장소 등이 만들어졌음을 추정할 수 있다.
④ 청동기시대 호랑이 모양과 말 모양의 띠고리 장식을 사용하였다.

02 **정답** ③
신석기시대에는 이른민무늬 토기, 덧무늬 토기, 눌러찍기무늬 토기, 빗살무늬 토기 등이 제작되었고, 청동기시대에 민무늬 토기가 제작되었다.

03 **정답** ④
자료는 고구려의 혼인풍습인 서옥제를 나타낸 것이다.
④ 고구려는 왕 밑에 독립적 부족장인 상가 및 고추가 등을 두었고, 각기 사자·조의·선인 등의 관리를 거느렸다.
① 부여는 3세기 말에 선비족의 침입으로 세력이 크게 쇠퇴하였다.
② 부여는 12월에 영고라는 제천행사를 지냈고, 고구려는 10월에 동맹이라는 제천행사를 지냈다.
③ 옥저의 풍습 중에는 가족공동묘라는 것이 있는데, 이는 가족이 죽으면 가매장 한 후, 나중에 뼈를 추려 커다란 목곽에 매장하였던 것이다. 또한, 목곽 입구에는 죽은 자의 양식으로 쌀을 담은 항아리를 매달아 놓기도 하였다.

04 **정답** ④
㉠ 고조선은 왕 밑에 상, 경, 대부, 대신, 장군, 박사 등의 관직을 두었고, 고조선은 한과 대립할 만큼 강성하였다. 고조선은 8조법을 두어 질서를 유지하였다.
① 고구려
② 동예
③ 부여

05 **정답** ①
㉠ 고구려 소수림왕은 율령을 반포하여 국가 통치의 기본질서를 확립하였다(373).
㉢ 고구려 광개토대왕은 영락이라는 연호와 태왕의 호칭을 사용하는 등 대외적으로 강국으로서의 면모를 보여 국가의 위신을 높였다(391).
㉣ 백제 동성왕은 고구려의 압력에 대처하기 위해 신라의 이찬(伊飡) 비지(比智)의 딸을 왕비로 맞이하였다(493, 결혼동맹).
㉡ 6세기 신라 지증왕은 이사부를 보내 우산국(울릉도)을 복속시켜 세력을 확장하였다(512).

06 **정답** ②

② 6세기 성왕은 대외 진출이 수월한 사비(부여)로 천도하여(538) 국호를 남부여로 개칭하였고, 백제의 중흥을 꾀하였다. 성왕은 5부와 5방 제도를 정비하고, 22부의 실무관청을 설치하는 등 중앙 관청과 지방제도를 정비하여 중앙 집권화에 노력하였다. 또한, 불교를 진흥하였으며 중국 남조와 교류하였고, 일본에도 불교를 전파하기도 하였다. 그리고 한강을 수복하였으나 곧 진흥왕의 배신으로 한강 유역을 빼앗겼고, 결국 관산성 전투에서 전사하고 만다.
① 백제 무령왕(웅진성 시대)
③ 4세기(한성 시대)
④ 4세기 말~5세기 초(한성 시대)

07 **정답** ③

자료는 만파식적 설화의 내용으로 신문왕은 강력한 왕권전제화를 추구하였다.
③ 7세기 신라 신문왕은 국학을 설치하여 유교이념을 확립하려 하였다(682).
① 원성왕 때 태학 안에 유교 경전의 이해 수준을 시험하여 관리를 채용하는 독서삼품과를 마련하였다.
② 법흥왕은 신라 최고 관직인 상대등을 설치하여 화백회의를 주관하게 하였다.
④ 6세기 신라 법흥왕 때 이차돈의 순교 이후 비로소 국가적으로 불교를 공인하였다(527).

08 **정답** ④

④ 태조는 고구려의 옛 땅을 찾고자 하는 의욕으로 강력한 북진 정책을 추진하여 청천강에서 영흥만까지의 국경선을 확보하였다.
① 태조는 정계와 계백료서를 통해 왕권을 강화하려 하였다.
② 태조는 민족융합 정책을 추진하여 발해·신라·후백제의 유민들과 다양한 문화를 포용하였다.

③ 태조는 큰 공이 있는 호족들에게 왕씨 성을 하사하여 친족으로 포섭하였다.

09 **정답** ③

광종의 노비안검법, 공민왕의 전민변정사업, 공양왕의 전제 개혁의 공통된 목적은 양인의 수를 늘려 국가 재정을 확보하고, 왕권을 강화하는 데 있다.

10 **정답** ③

이의방과 정중부는 정변을 일으켜 정권을 장악하였다(1170, 무신 정변). 정권을 잡은 무신들은 중방을 중심으로 권력을 행사하였고, 무신들의 대부분은 부를 축적해가며 점차 권력 쟁탈전으로 전개되어 갔으며, 중앙 정부의 지방 통제력은 상실되었다.
③ 최우는 문무백관의 인사 행정을 담당하는 정방을 통하여 인사권을 장악하였고, 문신을 등용하기 위한 서방을 설치하였다.

11 **정답** ②

(나) 거란의 1차 침입(993). 거란의 1차 침입 때 (993) 서희는 외교 담판으로 고려가 고구려의 후예임을 인정받음과 동시에 압록강 동쪽의 강동 6주를 획득하여 영토를 확장하였고(994, 성종), 송과의 단교 및 거란과의 교류를 약속하였다.
(가) 12C 초 윤관의 건의로 별무반 편성. 윤관은 숙종에게 특수부대인 별무반을 편성할 것을 건의하였고, 숙종은 윤관의 건의를 받아들여 별무반을 조직하였다(1104). 별무반은 기병인 신기군, 승병인 항마군, 보병인 신보군으로 편성한 특수부대였다.
(다) 김윤후의 처인성 전투. 몽골군이 고려에 침입하였는데 김윤후가 처인성(용인)에서 몽골 장수 살리타를 사살하여 퇴각하게 하였다(1232, 몽골의 2차 침입).

12 정답 ④

자료는 정방을 폐지하여 왕권을 공고히 하려는 고려말 공민왕의 개혁정치를 나타낸 것이다.

④ 공민왕은 성균관을 순수한 유교교육기관을 개편하고 유학 교육을 강화하기도 하였다.

① 고려 숙종 때에는 관학 진흥을 위하여 국자감 내에 서적포를 두어 서적 간행을 활성화하였다.

② 고려 광종은 노비안검법을 시행하여 호족 세력을 약화시켰고, 국가 재정을 확충하였다(956).

③ 고려 충선왕 때 연경에 학문 연구소인 만권당을 설치하여 학문연구에도 힘썼다.

13 정답 ③

③ 고려시대 밭농사 2년 3작 윤작법이 보급되었다.

① 대동법은 광해군 때 이원익, 한백겸의 주장으로 선혜청을 설치하고 처음으로 경기도에서 시행되었다(1608).

② 17세기 중엽 신속은 농가집성을 펴내 벼농사 중심의 농법을 소개하고, 이앙법의 보급에 공헌하였다(1655).

④ 조선 후기에는 일부 농민은 인삼, 담배, 쌀, 목화, 채소, 약재 등과 같은 상품작물을 재배해 높은 수익을 올렸다.

14 정답 ②

조선의 성종은 건국 이후 문물제도 정비를 완비하였으며, 세조 때에 시작한 경국대전의 편찬을 마무리하여 반포(1485)함으로써 이후 조선 사회의 기본 통치 방향과 이념을 제시하였다.

② 태조 때 정도전은 조선경국전과 경제문감을 저술하여 민본적 통치규범을 마련하고, 재상 중심의 정치를 주장하였다.

15 정답 ④

조선시대 과거는 양인 이상이면 누구나 응시가 가능한 것이 원칙이었다. 따라서 천인은 과거 응시 자

격이 없었다. 문과의 경우 탐관오리의 아들, 재가한 여자의 아들과 손자, 서얼에게는 응시를 제한하였으나, 무과와 잡과에는 제한이 없었다.

16 정답 ④

④ 자료의 관리가 농업 진흥·징세·향촌질서유지 및 군사와 행정권까지 다루고 있는 모습으로 보아 모든 군현에 파견된 수령의 내용임을 추론할 수 있다. 수령은 왕의 대리인으로 지방의 행정·사법·군사권을 가지고 있었고 관찰사의 지위와 감독을 받았다.

① 향리(중인)의 신분은 세습되는 경우가 많았다.

② 수령은 문무 양반 중에서 임명되었다. 수령의 임명 품계는 문무관리 종2품 당상관에서 종6품 참상관까지에 걸쳐 있었으며, 수령에 임용되려면 문과·무과·음과 중 하나를 통과해야 하였다.

③ 조선시대 지방관은 출신 지역의 지방관으로 임명하지 않는 상피제가 적용되었다.

17 정답 ②

② 중종 때 조광조가 급진적인 개혁을 추진하였는데, 위훈 삭제 문제로 인한 공신들의 반발로 조광조를 비롯한 대부분의 사림 세력은 정계에서 밀려나게 되었다. 기묘사화(1519)는 (나) 시기 이후에 발생하였다.

① 갑자사화 이후에 (나) 시기에 중종반정이 일어났다.

③ 선조 때 사림이 동인과 서인으로 분당되었다.

④ 갑자사화는 연산군 집권기에 일어났다.

18 정답 ③

③ 사화는 조선 전기 훈구와 사림의 대립·갈등이었고, 환국은 조선 후기 숙종 대에 나타난다.

① 붕당 정치는 복수의 붕당이 상호 견제와 협력을 통하여 정치를 운영하는 것으로 붕당은 정치적 이념과 학문적 경향에 따라 결집되어 정파적 성격과 학파적 성격을 동시에 가지게 되었다.

19 정답 ②

자료는 선조 때 이조 전랑과 관련한 사림의 분화를 나타내고 있다. (가)는 서인, (나)는 동인이다.

② 효종의 상 때 자의대비의 복제 문제로 (가) 서인은 1년설을 주장하였다(기해예송).

① (나) 동인에는 이황·조식·서경덕의 문인이 가담하였다.

③ 광해군 때의 집권 세력이었던 북인은 광해군의 중립외교를 지지하였다.

④ 숙종 때 장희빈의 소생인 균(경종)의 세자 책봉을 둘러싸고 서인인 송시열 등이 반대하다 사사되었고 인현왕후가 폐출되면서 남인이 집권하였다(1689, 기사환국).

20 정답 ③

③ 정조는 각 붕당의 주장이 옳은지 그른지를 명백히 가리는 적극적인 탕평책을 추진하여 영조 때에 세력을 키워 온 척신과 환관 등을 제거하였다(준론 탕평책).

① 영조는 1년에 군포 1필만 부담하는 균역법을 시행하였는데, 감소된 재정에 대하여는 지주에게 결작미를 부담시켰다(1750).

② 영조는 산림의 존재를 인정하지 않았고 그들의 본거지인 서원을 대폭 정리하였으며, 이조 전랑의 후임자를 천거하는 권한과 3사의 관리를 선발할 수 있게 해 주던 악습 관행을 없앴다.

④ 조선 후기 국가의 재정을 증대시키기 위해 노비의 수를 감소시키려 여러 정책을 시행하였는데 아버지가 노비라 하더라도 어머니가 양민이면 양민으로 삼는 노비종모법이 실시되면서 더욱 촉진되었다(1731, 영조 7).

21 정답 ③

제시된 사료는 정조 때 규장각 검서관이었던 유득공이 저술한 발해고이며 신라와 발해를 남북국시대를 처음으로 인식하여 주장하였다.

22 정답 ④

자료는 조선 후기에 유행한 민화이다. 조선 후기 민중의 미적 감각을 잘 나타낸 민화도 유행하였다. 해, 달, 나무, 꽃, 동물, 물고기 등을 소재로 삼아 소원을 기원하고 생활공간을 장식하였다. 이런 민화에는 소박한 우리 정서가 짙게 배어 있다.

④ 분청사기는 15세기 조선 전기에 유행하였다.

23 정답 ④

④ 제시된 사건과 관련된 종교는 천주교이다. 천주교는 유교 제사 의식 거부와 모든 사람이 평등하다는 주장으로 왕권에 도전한다는 명분으로 조선 정부로부터 탄압을 받았다.

① 대종교는 만주에서 중광단이라는 단체를 만들어 독립운동을 전개하였다.

② 동학은 1860년에 경주 출신인 최제우가 창시하였다.

③ 천주교는 개항 전부터 남인 계열 실학자들을 중심으로 서학으로 들어왔다.

24 정답 ②

첫 번째 사료는 병인양요(1866)와 관련된 자료이며 두 번째 사료는 척화비문이다(1871).

② 천주교 포교 허용은 프랑스와의 수교 이후인 1886년의 일이다.

①·④ 제너럴셔먼호사건 이후 강화도로 미국이 침략한 신미양요(1871) 때 조선의 수비대가 광성보와 갑곶 등에서 이를 격퇴시켰다.

③ 독일 상인 오페르트는 1868년 조선에 통상을 요구하였으나 거부당하자 충청남도 덕산에 있는 흥선대원군의 아버지인 남연군의 묘를 도굴하여 부장품을 미끼로 통상조약을 체결하려 하였으나 도굴 도중 발각되어 도주하였다(오페르트 도굴 미수 사건).

25 정답 ③

임오군란은 구식 군인들이 신식 군인들과의 차별 대우에 불만을 품고 일으킨 사건이다.

③ 갑신정변(1884)의 결과 청과 일본은 톈진조약을 체결하였는데(1885, 청일), 양국 군대의 공동 철수, 조선에 군대 파병 시 상대국에 사전 통보할 것을 약속하였다. 이는 훗날 청일전쟁의 빌미가 되기도 한다.

① 제물포 조약을 체결하였다(1882, 조 – 일).

② 청은 신속히 군대를 조선에 파견하여 임오군란을 진압하고, 대원군을 군란의 책임자로 청에 압송해 감으로써 일본의 무력 개입의 구실을 없애려 하였다.

④ 청은 마젠창(내정)과 묄렌도르프(외교)를 고문으로 파견하여 조선의 내정과 외교 문제에 깊이 관여하였다.

26 정답 ②

② 대한제국의 광무개혁은 전제황권을 강화하려 하였다. 원수부를 설치하여 황제가 육·해군을 통솔하였고, 서울의 시위대와 지방의 진위대 군사 수를 대폭 증강하였으며, 고급 장교 양성을 위한 무관학교를 설립하였다.

① 갑신정변(1884) 당시 개화당은 혜상공국(보부상 보호관청)의 혁파를 주장하였다.

③ 1895년 을미개혁 때 태양력을 사용하고 건양이라는 연호를 사용하였다.

④ 독립협회는 만민공동회와 관민공동회를 개최하여 헌의 6조를 결의하였다.

27 정답 ③

③ 대한제국은 1899년 대한국 국제를 반포하여 황제권을 최대로 강화하는 전제군주제를 천명하였다. 입헌군주제를 천명한 것이 아니다.

① 고종은 대한제국을 선포하고 광무개혁을 시행하였다. 양전 사업을 실시하여 지계를 발급하였고, 각종 공장과 회사 및 학교를 설립(소학교·중학교·사범학교)하는 등 근대 시설을 확충하였다.

② 고종은 사법제도를 개편하여 고등 재판소를 평리원(平理院)으로 개칭하고 순회 재판소를 설치하였다.

④ 교민 보호를 위하여 북간도에 이범윤을 간도 관리사(북변도 관리)로 파견(1902)하였고, 이범윤은 간도를 함경도에 편입시켜 조세 수취, 치안 유지, 한인 보호 등에 힘썼다.

28 정답 ③

자료에서 의병은 1907년의 정미의병을 나타낸다. 정미의병은 해산당한 군인들이 의병에 합류하면서 체계화되고, 조직화된 일종의 군인 모습을 갖추게 되었다.

③ 해산된 군인과 합세하여 전력을 강화한 정미의병은 13도 창의군을 조직하여 서울을 향해 진격하였다.

① 을사·병오의병(1905~1906) 때 신돌석과 같은 평민 의병장이 처음 등장하여 활약하였다.

② 평민 의병장 지휘 부대는 합류할 수 없었던 한계가 있었다.

④ 을미의병(1895)은 단발령의 철회와 국왕의 해산 권고 조칙으로 대부분 종식되었다.

29 정답 ④

④ 가쓰라·태프트 밀약은 일본과 미국 간에 한국과 필리핀에 대한 지배권을 인정하는 것으로 (가)는 미국이다. 포츠머스 조약은 일본과 러시아간에 체결된 것으로 (나)는 러시아이다. 미국은 운산 금광 채굴권을 획득하였고 러시아는 고종을 공관으로 피신시키는 아관파천을 주도하였다.

㉠ 프랑스

㉢ 헤이그 특사파견은 고종의 밀명으로 비밀리에 진행되었다.

30 정답 ④

자료는 을미의병이다. 최초의 항일 의병인 을미의병은 명성황후 시해사건(을미사변)와 단발령을 계기로 일어났다. 의병은 위정척사 사상을 가진 유생들이 주도하였고, 농민들과 동학 농민군의 잔여세력이 가담하여 전국적으로 확대되었다. 의병의 봉기로 일본 세력이 약화되자, 친러파는 고종을 러시아 공사관으로 피신시켰다. 아관파천으로 인하여 친일 정권이 무너지면서 단발령이 철회되고, 국왕의 해산 권고 조칙이 내려짐에 따라 대부분 종식되었다.

④ 1905년 을사의병, 평민 의병장 신돌석

①·②·③ 1895년 을미의병

31 정답 ①

① 1919년 3·1 운동에 대한 비인간적인 탄압으로 국제 여론이 악화되자 가혹한 식민 통치를 은폐하기 위하여 1910년대의 헌병무단통치를 기만적인 문화통치로 바꾸어 시행하였다.

② 1910년대 일제의 통치방식은 헌병무단통치였다.

③ 회사령은 1910년대에 실시되었으며 1920년대에 폐지되었다.

④ 1920년대 일제는 헌병경찰제를 보통경찰제로 바꾸었다.

32 정답 ③

물산장려운동(1923)은 일제의 관세 철폐에 대항하여 민족 자본을 지키기 위해 시행한 국산품 애용 운동이었다.

③ 물산장려운동은 조만식 등에 의하여 평양에서 시작하여 전국으로 확산되었다.

① 사회주의계 인사들은 자본가 계급 일부의 이익만을 추구한다고 비판하는 등 물산장려운동의 성과를 거둘 수 없었다.

② 1920년대 이상재를 중심으로 민립 대학 기성회를 조직(1922)하여 민립 대학 설립 운동을 전개하였다.

④ 대한매일신보·황성신문·제국신문 등의 언론 기관은 국채보상운동(1907)을 적극적으로 지원하였다.

33 정답 ②

② 산미증식계획은 1차 세계대전 후 1920년대 일본 내의 이촌향도 현상이 진행되면서 쌀값이 폭등하여 혼란이 있을 무렵 일제는 부족한 식량을 한반도에서 착취하려 시작한 것이 산미증식계획이다(1920~34).

① 일제는 1934년 남면북양 정책을 추진하여 우리 민족을 수탈하였다.

③·④ 중일전쟁(1941) 이후 일제는 전쟁 수행에 필요한 인적, 물적 자원을 총동원하는 것은 물론 한민족의 생존과 문화까지 말살하려 하였고 지원병, 징병, 징용, 정신대 등을 시행하여 인적 자원을 수탈하였고, 양곡공출제, 식량배급제, 금속공출제 등으로 군량미와 무기원료를 수탈하였다.

34 정답 ③

③ 자료는 박은식의 한국통사 서문이다.

① 문일평은 민족 문화의 근본으로 세종을 대표로 하는 심사상을 강조하였고, 역사학의 대중화에 관심을 가졌다.

② 정인보는 5천 년간 조선의 얼을 동아일보에 연재하였으며, 조선사연구 등의 저술을 통해 일제 식민 사관에 대항하였다.

④ 한용운은 한국 불교를 일본 불교에 예속시키려는 총독부 정책(1911, 사찰령)에 맞서 조선불교유신회를 조직(1921)하여 민족종교의 전통을 지키려고 노력하였다.

35 정답 ③

ⓛ 봉오동 전투(1920.6.)

ⓔ 청산리 전투(1920.10.)

ⓒ 간도 참변(1920.10.~ 1921.4. 경신참변)
ㄱ 자유시 참변(1921.6.)

36 정답 ④

④ 김규식, 여운형 등은 모스크바 3국 외상 회의의 결정을 지지하되, 신탁통치 문제는 정부 수립 이후에 결정하자고 주장하였다.
① 김구는 좌우합작 운동에 참여하지 않았다.
② 유엔은 소총회에서 임시위원단이 접근할 수 있는 남한만의 총선거에 의한 단독정부 수립을 의결하였고(1948.2), 김구와 김규식은 남북협상을 개최하였다(1948.4). 즉, 좌우합작 위원회는 1947년도에 종료되었기 때문에 남한 단독 선거 결정에 대항하여 진행하지 않았다.
③ 미군정은 좌우합작을 후원하여 남조선과도입법의원(1946.12)을 설치해 주기도 하였다.

37 정답 ①

다음 주장은 1946년 6월 이승만의 정읍 발언이다. 제1차 미 · 소 공동위원회가 결렬된 직후 나온 발언으로 우익 정당이던 한국 민주당은 이 주장을 지지하였다.
ⓒ 제2차 미 · 소 공동위원회가 결렬된 직후 미국은 유엔에 한반도 문제를 이관하였고 유엔 총회는 미국의 주장을 받아들여 유엔 한국 임시 위원단을 구성하였다.
ⓔ 중도 입장이던 여운형, 김규식, 김구 등은 이 주장에 적극 반대하였다.

38 정답 ②

다음 주장은 발췌 개헌(1952.7.7.) 통과과정이다.
② 발췌 개헌은 대통령 정 · 부통령 직선제, 양원제 국회, 국회의 국무위원 불신임제 등을 골자로 하는 발췌개헌안을 무력으로 통과시킨 것이다.
① 6월 민주항쟁의 결과 5년 단임의 대통령 직선제로 개헌하게 되었다(1987, 현행 헌법).

③ 1954년에 있었던 사사오입 개헌이다. 자유당은 초대 대통령에 한하여 3선 금지 조항의 철폐를 골자로 한 개헌안을 수학적 논리로 부당하게 통과시켰다.
④ 유신 체제는 대통령의 임기를 6년으로 하고 중임 제한을 폐지하여 장기 집권의 발판을 마련하였다(제4공화국).

39 정답 ③

1987년 6월 민주화 운동은 범국민적 반독재 민주화 투쟁으로 발전하게 되었고, 정부는 6 · 29 선언을 발표하였다. 결국, 5년 단임의 대통령 직선제로 개헌하게 된다(1987.10. 현행 헌법).
③ 학생과 시민들이 민주 헌법 쟁취를 구호로 '호헌철폐'와 '독재타도'를 외쳤다(1987).
① 유신체제 이후 긴급조치권이 발동되었다(1974).
② 박정희 정부는 신민당 총재인 김영삼을 국회에서 제명하였다(1979).
④ 1979년 12 · 12 사태로 인한 신군부의 정치 장악에 맞서 시민들은 계엄령 해제와 신군부의 퇴진 요구 등의 대규모 민주화 시위를 전개하였다(1980).

40 정답 ③

자료는 2000년 남과 북이 합의한 6 · 15 남북공동선언이다.
③ 외환위기 극복을 위하여 구조조정, 부실기업의 정리 등을 추진하였으며, 금모으기 운동 등으로 2001년 김대중 정부는 외채를 상환하였다.
① 1965년 한일국교 정상화로 인하여 박정희 정부는 일본정부로부터 무상 3억 달러, 유상 3억 달러의 차관을 제공받았다.
② 김영삼 정부 당시 역사바로세우기 운동의 일환으로 조선총독부 건물을 철거하였다(1995).
④ 노무현 정부(2004) 당시 고속철도인 KTX를 개통하였다.

01	02	03	04	05	06	07	08	09	10	11	12
②	④	④	③	①	①	④	③	③	④	①	②
13	14	15	16	17	18	19	20	21	22	23	24
④	①	④	②	③	②	③	④	④	①	②	③

	주관식 정답
01	신석기시대 사람들은 **농경과 목축을 시작**하여 식량을 생산하는 경제활동을 전개함으로써 인류의 생활양식은 크게 변하였다. 농경의 시작으로 사람들은 점차 **정착 생활을 시작**하였다.
02	고려 광종은 **노비안검법을 시행**하여 호족 세력을 약화시켰고, 왕실의 권위를 높이기 위하여 **황제의 칭호 및 광덕 · 준풍과 같은 독자적인 연호**를 사용하였다. 또한, 후주에서 귀화한 쌍기의 건의를 수용하여 유교 경전 시험을 통해 문반관리를 선발하는 **과거제를 시행**하였다.
03	• **사헌부 : 관리의 비리를 감찰**하거나 중대한 사건을 재판하였던 기관이다. • **사간원 :** 왕의 잘못을 논하는 **간쟁**과 논박을 하며 **정사를 비판**하는 업무를 담당하였다. • **홍문관 :** 성종 때 설치된 **왕의 정치 자문 기구**로 경연과 서연을 담당하였는데 왕과 대신들이 참여하는 학술 세미나인 **경연을 주최**하였고, **정책 자문**과 정책 협의를 통해 **정책을 결정**하였다.
04	**3 · 1 운동 이후** 조직적이고 체계적인 독립운동을 추진하기 위하여 **상하이**에 **대한민국 임시정부를 수립**하였다. 대한민국 임시정부는 입법 기관인 임시 의정원, 사법 기관인 법원, 행정 기관인 국무원의 **3권 분립적 헌정 체제를 갖춘 우리나라 최초의 민주공화제 정부**였다. 이는 한민족 스스로 민주 공화제의 정부를 세웠다는 점에서 큰 의의가 있다.

01 정답 ②

② 자료는 청동기시대의 미송리식 토기를 나타낸 것이다.
① 신석기시대의 대표적인 토기인 빗살무늬 토기는 신석기 중기 이후에 출현하게 되며, 전국 각지에 널리 분포되어 있다.
③ 눌러찍기무늬 토기는 눌러서 문양을 낸 신석기시대의 토기로 B.C. 4000 ~ B.C. 3000년경에 제작되었다.
④ 이른민무늬 토기는 크기가 작고 제작 기술이 가장 오래된 토기로써, 입구가 넓고 달걀을 반 쪼개 놓은 듯한 형태로 밑바닥은 편평하다.

02 정답 ④

부여는 왕 아래에 가축의 이름을 딴 마가, 우가, 저가, 구가를 두었고, 각 가들은 저마다의 행정 구획인 사출도를 다스리고 있었다(5부족 연맹체). 부여는 12월에 영고라는 제천행사를 지냈으며, 순장,

연좌제, 1책 12법, 우제점법, 형사취수제 등이 있었다. 부여는 왕권이 미약하여 수해나 한해로 흉년이 들면 왕에게 책임을 묻기도 하였고, 간음한 자와 투기가 심한 부인은 사형에 처하기도 하였다.
④ 고구려에서는 중대한 범죄자에 대하여 제가회의를 통하여 사형에 처하고 그 가족을 노비로 삼기도 하였다.

03 정답 ④

④ 6세기 신라 법흥왕은 율령을 반포하여 국가 통치 질서를 확립하였으며, 금관가야를 병합하여 신라의 영토를 넓혔다.
① 5세기 고구려 장수왕은 평양성으로 수도를 천도하여 본격적인 남진 정책을 추진하였다(427).
② 장수왕은 평양으로 수도를 천도(427)하여 본격적인 남진 정책을 추진하는데, 이에 백제의 비유왕과 신라의 눌지마립간은 나제동맹을 체결하여 고구려에 대항하였다(433).

③ 7세기 신라 선덕여왕 때 승려 자장은 황룡사 9
　층 탑의 건립을 왕에게 건의하였다.
㉠ 고구려 소수림왕(371 ~ 384)
㉡ 백제 침류왕(384 ~ 385)
㉢ 신라 법흥왕(514 ~ 540)

04 정답 ③

③ (가)는 성종 때 흑창(태조)에서 이름을 바꾼 의창
　으로 평시에 곡물을 비치하였다가 흉년에 빈민을
　구제하였다.
① 광종은 제위보를 설치하여 빈민 구제에 힘썼다.
② 예종은 각종 재해가 발생하였을 때, 구제도감이
　나 구급도감을 임시 기관으로 설치하여 백성의
　구제에도 힘썼다.
④ 성종은 상평창을 설치하여 물가를 조절하고 민
　생을 안정시키기 위해 노력하였다.

05 정답 ①

① 자료는 거란의 1차 침입과 관련된 내용이다. 고
　려는 친송 정책과 북진 정책을 유지하고 있었
　다. 이에 거란은 고구려의 옛 땅을 내놓을 것과
　송과의 관계를 끊고 자신들과 교류할 것을 요구
　하며 침입해 왔다. 고려는 서희의 담판으로 강
　동 6주를 확보하게 되었다.
② 몽골의 침입
③ 원 · 명교체기 이후 명의 요구
④ 이자겸의 금(여진)과의 사대관계 수락의 내용

06 정답 ①

① 공민왕은 즉위 후 기철을 비롯한 친원 세력을
　숙청하고, 내정 간섭기구인 정동행성의 이문소
　를 폐지하는 등 반원 · 개혁 정책을 추진하였다.
② 조선 태조는 교통과 국방의 중심지인 한양으로
　도읍을 옮긴 후(1394), 도성을 쌓고 경복궁을
　비롯한 궁궐, 종묘, 사직, 관아, 학교, 시장, 도
　로 등을 건설하여 도읍의 기틀을 다졌다.

③ 고려 경종은 인품과 관품을 고려하여 지급한 시
　정 전시과를 시행하였다(976).
④ 만권당은 충선왕 때 연경에 설치하였고, 이제현
　은 만권당에서 성리학을 연구하였다.

07 정답 ④

원간섭기 고려 사회에는 몽골풍이 유행하여 변발,
몽골어, 몽골식 복장, 소주, 몽골어가 궁중과 지배층
을 중심으로 널리 퍼졌는데, 이를 몽골풍이라 하는
데, 이로 인하여 고려의 자주성에 심각한 손상을 입
었고, 원의 압력과 친원파의 책동으로 인해 정치는
비정상적으로 운영되었다.
④ 고려 후기 원간섭기인 충목왕 때 세워진 경천사
　10층 석탑은 원의 영향을 받았다(1348).
① 고려 문종 때 최충은 9재 학당을 세워 유학 교육
　에 힘썼고, 해동공자라는 칭송을 들었다.
② 삼국사기(1145)는 고려 인종 때 김부식이 기전
　체 서술방법으로 편찬한 역사서이다.
③ 원간섭기에는 북방 가마 기술이 도입되고 분청
　사기의 유입으로 청자의 빛이 퇴조하였다.

08 정답 ③

의정부 서사제는 6조에서 올라오는 모든 일을 영의
정, 좌의정, 우의정이 중심이 되는 의정부에서 논의
한 다음, 합의된 사항을 국왕에게 올려 결재를 받는
형식의 정치 체제로 세종 때 시행하여 왕권과 신권
의 조화를 이루었다.

09 정답 ③

세종(1418 ~ 1450)은 민생과 관련된 정책을 결정할
때에는 민의를 물었는데, 공법을 제정할 경우에는
조정의 신하와 지방의 촌민에 이르기까지 18만 명
의 의견을 묻고, 10년여의 시험기간을 거친 뒤에 시
행하였다.
③ 고려 말에 이암이 원나라의 농서인 농상집요를
　소개하였다.

① 세종 때 안평대군의 꿈을 그린 몽유도원도는 현실 세계와 이상 세계를 동시에 그려내었다(1447).
② 세종 때 충신, 효자, 열녀 등의 행적을 그리고 설명한 삼강행실도가 편찬되었다(1434).
④ 세종 때 소리의 장단과 높낮이를 표현할 수 있는 정간보를 창안하였다.

10 정답 ④
숙종은 탕평책을 통하여 정치적 안정을 꾀하려 하였지만, 편당적인 조처로 3차례의 환국을 통하여 오히려 정국이 더 불안하게 되었다.

11 정답 ①
정조는 적극적인 탕평책을 시행하였다.
① 정조는 규장각을 설치하고 박제가 · 유득공 · 서이수 · 이덕무 등의 서얼 출신들을 검서관으로 등용하였다.
② 인조는 영정법을 시행하여 풍년이건 흉년이건 관계없이 전세를 토지 1결당 미곡 4두로 고정시켰다(1635).
③ · ④ 영조는 이조 전랑의 후임자 천거 및 3사 관원의 선발 관행을 폐지하였고 서원을 대폭 정리하였다.

12 정답 ②
그림은 김홍도의 씨름도와 신윤복의 단오풍정이다. 이는 조선 후기에 그려진 것으로 선대제 수공업이 성행하였고 은광, 금광의 개발이 성행하였으며 장시는 전국적인 유통망으로 연결되었다.
ⓒ 관허 상인인 시전 상인을 중심으로 상업이 운영되던 것은 조선 전기의 일로 조선 후기에는 사상과 보부상을 중심으로 상업이 운영되었다.

13 정답 ④
근대적인 우편 업무는 우정국의 설립으로 시작되었지만, 우정국 개국 축하연을 이용한 갑신정변으로 중단되었다가 을미개혁으로 다시 시작되었다. (가)에는 1884년에서 1895년 사이의 일들이 들어가야 한다.
④ 김홍집 내각의 4차례의 개혁은 갑오 · 을미개혁을 지칭하는 것이므로 답이 된다.
① 1882년 임오군란 이후
② 1896년 이후
③ 1897년 대한제국 수립 이후

14 정답 ①
(가)는 보국안민을 내세운 1894년 동학농민운동이다.
(나)는 단발령을 실시한 1895년 을미개혁이다.
(다)는 대한제국의 선포는 1897년이다.
(라)는 독립협회에서 주도한 1898년 관민공동회이다.

15 정답 ④
제1차 갑오개혁에서는 왕실과 정부 사무를 분리하여 왕권을 축소하고 의정부와 8아문의 권한을 강화하였다. 또한, 과거 제도의 폐지, 경무청 설치, 공 · 사 노비 제도의 폐지, 국가 재정의 탁지아문으로의 일원화, 은본위 화폐 제도의 채택 등의 조치가 있었다(1894. 7. ~ 1894. 12.).

16 정답 ②
자료는 1905년 11월에 체결된 을사늑약을 나타내고 있다. 일본은 한국의 식민지배를 위한 을사늑약을 체결하는데, 직전에 미국과 가쓰라 · 태프트 밀약(1905. 7.), 영국과 제2차 영 · 일 동맹(1905. 8.), 러시아와 포츠머스 강화 조약(1905. 9.) 등의 밀약을 체결하였다.

② 시모노세키 조약(1895.4.)은 청일전쟁의 결과로 청과 일본이 체결한 조약이며, 청은 요동 반도와 타이완을 일본에 할양하고 배상금을 지불한다는 내용이다. 을사늑약 직전의 국제 밀약과는 거리가 있다.

17 정답 ③

③ 일제는 1907년 헤이그 특사 사건을 빌미로 고종 황제를 강제로 퇴위시키고 1907년 한일 신협약을 체결하여 우리 정부 내에 일본인 차관을 두게 함으로써 내정을 완전히 장악하였다. 나아가 군대를 강제 해산하고 순종을 즉위시켰다.
① 1905년 을사의병
② 1909년 안중근 의거
④ 1908년 샌프란시스코 의거

18 정답 ②

일제는 한국인의 회사설립을 억제하고 민족 자본의 성장을 저지하기 위하여 회사설립 시 총독부의 허가를 받도록 하는 회사령을 공포하였고(1910), 1920년대에는 일본 자본가들의 조선 침투를 수월하게 하기 위하여 총독부는 회사령을 철폐하여 회사 설립을 허가제에서 신고제로 변경하였다.

19 정답 ③

③ 브나로드 운동은 1931 ~ 1934년 동아일보에서 추진하였다.
① 1921년에 가갸날이 제정되었다.
② 1927년 신간회의 민족유일당 운동이다.
④ 1922년 민립 대학 설립 운동이 시작되었다.

20 정답 ④

(가)는 한국 광복군(1940)이다.
④ 한국 광복군은 국내 정진군의 특수 훈련을 실시하며 국내 진공 작전을 계획하였으나 일본의 패망으로 실행에 옮겨지지 못하였다.

① 대한독립군단(1920)은 적색군(적군)의 배신으로 자유시에서 피해를 입었다(1921).
② 조선 의용군(1942)은 중국 공산당의 팔로군과 함께 항일독립전쟁을 전개하였다.
③ 한국 독립군은 북만주 일대에서 중국 호로군과 연합 작전을 전개하여 쌍성보(1932) · 대전자령 전투(1933) 등을 전개하였다.

21 정답 ④

④ 백남운은 사적 유물론을 바탕으로 한국사에 대한 체계적 · 법칙적 이해를 최초로 시도하였으며, 조선사회경제사, 조선봉건사회경제사 등을 저술하여 일제 식민 사관의 정체성론을 비판하였다.
① 신채호는 주로 고대사 연구에 치중하여 조선상고사, 조선사연구초 등을 저술하여 주체적으로 한국사를 정리함으로써 민족주의 역사학의 기반을 확립하였다.
② 박은식은 '나라는 형이요, 역사는 정신'이라고 하여 우리의 민족정신을 '혼'으로 파악하였으며, 혼이 담겨 있는 민족사의 중요성을 강조하였다.
③ 손진태는 왜곡된 한국사 연구에 반발하여 진단학회(1934)를 조직하였고 진단학보를 발행하는 등 한국사 연구에 힘썼으며, 객관적 입장에서 연구한 실증 사학의 대표자로 한국고대사연구 등을 저술하였다.

22 정답 ①

자료는 1950년 발발한 6 · 25 전쟁과 관련이 있다. 북한의 남침으로 6 · 25 전쟁이 시작되고 낙동강까지 밀렸다가 인천상륙작전으로 서울을 수복하고 압록강변까지 진출했지만, 중국군 개입으로 소강상태가 지속되다가 휴전 협정이 체결되었다.
① 베트남 파병(1965 ~ 1973)은 박정희 정부에서 이루어졌다.

23 정답 ②

(가)는 4·19 혁명이다. 3·15 부정선거에 항거하여 마산에서 시위하던 김주열 군은 경찰이 쏜 최루탄에 맞아 숨진 채 마산 앞바다에서 발견되었다. 이를 계기로 정부에 항의하는 시민들의 시위가 전국으로 확산되었다.

② 1960년 3·15 부정선거에 항의하는 시위가 확대되어 4·19 혁명이 전개되었다.

① 1979년 12월 12일 전두환, 노태우 등이 이끌었던 신군부 세력이 병력을 동원하여 불법적으로 군권을 장악하고, 정치적 실권도 장악하였다(12·12 사태).

③ 1961년 5월 16일 박정희를 중심으로 한 일부 군부 세력이 사회적 무질서와 혼란을 구실로 군사정변을 발발하였다.

④ 1980년 신군부가 비상계엄을 전국으로 확대하였고 이에 반대하여 5·18 광주 민주화 운동이 전개되었다.

24 정답 ③

1970년대에는 닉슨 독트린으로 냉전이 완화되었고, 주한 미군이 감축되자 정부는 자주국방 정책을 추진하면서 한편으로는 한반도 평화 정착을 위한 대북한 교섭을 시도하였다.

> **[1970년대 통일 정책의 변화]**
> 8·15 선언(1970), 남북 적십자 회담 제의(1971), 7·4 남북공동성명(1972), 6·23 평화 통일 선언(1973), 평화 통일 3대 원칙(1974)

㉠ 남북정상회담 개최(2000년 1차, 2007년 2차). 1차 남북정상회담은 2000년 김대중 정부에서 추진하여 6·15 남북공동선언을 발표하였고, 2차 남북정상회담은 2007년 노무현 정부에서 추진하여 10·4 남북공동선언을 발표하였다.

㉣ 한민족 공동체 통일 방안(1989). 자주·평화·민주의 원칙 아래 남북 연합을 구성하여 남북 평의회를 통해 헌법을 제정하고 총선거를 실시하여 통일 민주 공화국을 구성하자고 제안하였다.

주관식 해설

01 정답 신석기시대 사람들은 **농경과 목축을 시작하**여 식량을 생산하는 경제활동을 전개함으로써 인류의 생활양식은 크게 변하였다. 농경의 시작으로 사람들은 점차 **정착 생활을 시작하**였다.

해설 신석기시대

구분	내용
생활	간석기, 활·창으로 동물 사냥, 어로(그물)
경제	농경(조, 피, 수수) 시작, 의복·그물 제작(가락바퀴, 뼈바늘)
사회	평등사회, 혈연 바탕의 씨족사회(부족사회로 발전)
토기	이른 민무늬 토기, 덧무늬 토기, 빗살무늬 토기
움집	대부분 강가나 바닷가, 반지하, 원형이나 모가 둥근 네모 바닥, 중앙 화덕, 4~5명 정도 거주

02 정답 고려 광종은 **노비안검법**을 시행하여 호족 세력을 약화시켰고, 왕실의 권위를 높이기 위하여 **황제의 칭호 및 광덕·준풍과 같은 독자적인 연호**를 사용하였다. 또한, 후주에서 귀화한 쌍기의 건의를 수용하여 유교 경전 시험을 통해 문반관리를 선발하는 **과거제를 시행**하였다.

해설 광종의 개혁정치(949~975)

구분	내용
왕권 강화	노비안검법(956), 과거제(958, 문반 선발), 칭제건원(황제 칭호, 광덕·준풍 등 연호 사용), 공신·호족세력 숙청
체제 정비	백관공복제(위계질서 확립), 주현공부법(949), 제위보 설치(963)

03 **정답** • 사헌부 : 관리의 비리를 감찰하거나 중대한 사건을 재판하였던 기관이다.
  • 사간원 : 왕의 잘못을 논하는 간쟁과 논박을 하며 **정사를 비판**하는 업무를 담당하였다.
  • 홍문관 : 성종 때 설치된 **왕의 정치 자문 기**구로 경연과 서연을 담당하였는데 왕과 대신들이 참여하는 학술 세미나인 **경연**을 주최하였고, **정책 자문**과 정책 협의를 통해 정책을 결정하였다.

04 **정답** 3 · 1 운동 이후 조직적이고 체계적인 독립운동을 추진하기 위하여 **상하이**에 대한민국 임시정부를 수립하였다. 대한민국 임시정부는 입법 기관인 임시 의정원, 사법 기관인 법원, 행정 기관인 국무원의 **3권 분립적 헌정 체제**를 갖춘 우리나라 **최초의 민주공화제 정부**였다. 이는 한민족 스스로 민주 공화제의 정부를 세웠다는 점에서 큰 의의가 있다.

해설 임시정부의 헌정 변화

개헌	내용
임정 헌장 (1919.4.)	임시의정원 중심, 의장(이동녕), 국무총리(이승만), 내무총장(안창호)
1차 개헌 (1919,9. 이승만)	대통령 정치 체제, 3권 분립, 민족 운동 통합, 외교활동
2차 개헌 (1925,3. 김구)	국무령 중심의 내각 책임 지도제, 임시정부 내부 혼란 수습
3차 개헌 (1927.3.)	국무 위원 중심 집단 지도 체제, 좌익, 우익 대립 통합
4차 개헌 (1940,10. 김구)	주석 중심제, 대일 항전
5차 개헌 (1944,4. 김구, 김규식)	주석 · 부주석 중심제, 광복 대비

지식에 대한 투자가 가장 이윤이 많이 남는 법이다.

– 벤자민 프랭클린 –

독학학위제 1단계 교양과정인정시험 답안지(객관식)

★ 수험생은 수험번호와 응시과목 코드번호를 표기(마킹)한 후 일치여부를 반드시 확인할 것.

전공분야

성 명

수 험 번 호

(1)

(2) ● ② ③ ④

※ 감독관 확인란

(인)

관 리 번 호
(응시자수)

(연번)

과목코드		응시과목

교시코드 ① ② ③ ④

과목코드		응시과목

교시코드 ① ② ③ ④

답안지 작성시 유의사항

1. 답안지는 반드시 컴퓨터용 사인펜을 사용하여 다음 [보기]와 같이 표기할 것.
   [보기] 잘된 표기: ●   잘못된 표기: ⊘ ⊗ ① ⊙ ◐ ○ ○ ◑

2. 수험번호 (1)에는 아라비아 숫자로 쓰고, (2)에는 " ● "와 같이 표기할 것.

3. 과목코드는 뒷면 "과목코드번호"를 보고 해당과목의 코드번호를 찾아 표기하고,
   응시과목란에는 응시과목명을 한글로 기재할 것.

4. 교시코드는 문제지 전면 의 교시를 해당란에 " ● "와 같이 표기할 것.

5. 한번 표기한 답은 긁거나 수정액 및 스티커 등 어떠한 방법으로도 고쳐서는
   아니되고, 고친 문항은 "0"점 처리함.

절취선

독학학위제 1단계 교양과정인정시험 답안지(객관식)

컴퓨터용 사인펜만 사용

★ 수험생은 수험번호와 응시과목 코드번호를 표기(마킹)한 후 일치여부를 반드시 확인할 것.

전공분야

성명

		수	험	번	호			
(1)	1							
(2)								

	응시과목			
1	①	②	③	④
2	①	②	③	④
3	①	②	③	④
4	①	②	③	④
5	①	②	③	④
6	①	②	③	④
7	①	②	③	④
8	①	②	③	④
9	①	②	③	④
10	①	②	③	④
11	①	②	③	④
12	①	②	③	④
13	①	②	③	④
14	①	②	③	④
15	①	②	③	④
16	①	②	③	④
17	①	②	③	④
18	①	②	③	④
19	①	②	③	④
20	①	②	③	④
21	①	②	③	④
22	①	②	③	④
23	①	②	③	④
24	①	②	③	④
25	①	②	③	④
26	①	②	③	④
27	①	②	③	④
28	①	②	③	④
29	①	②	③	④
30	①	②	③	④
31	①	②	③	④
32	①	②	③	④
33	①	②	③	④
34	①	②	③	④
35	①	②	③	④
36	①	②	③	④
37	①	②	③	④
38	①	②	③	④
39	①	②	③	④
40	①	②	③	④

과목코드

교시코드 ① ② ③ ④

답안지 작성시 유의사항

1. 답안지는 반드시 컴퓨터용 사인펜을 사용하여 다음 보기와 같이 표기할 것.
   보기) 잘 된 표기: ●
   잘못된 표기: ⊘ ⊗ ◑ ⊙ ○ ◐ ◯

2. 수험번호 (1)에는 아라비아 숫자로 쓰고, (2)에는 "●"와 같이 표기할 것.

3. 과목코드는 "뒷면" 과목코드번호를 보고 해당과목의 코드번호를 찾아 표기하고, 응시과목란에는 응시과목명을 한글로 기재할 것.

4. 교시코드는 문제지 전면 의 교시를 해당란에 "●"와 같이 표기할 것.

5. 한번 표기한 답은 긁거나 수정액 및 스티커 등 어떠한 방법으로도 고쳐서는 아니되고, 고친 문항은 "0"점 처리함.

※ 감독관 확인란

(인)

관 리 번 호	
(연번)	(응시자수)

절취선

[이 답안지는 마킹연습용 모의답안지입니다.]

컴퓨터용 사인펜만 사용

시·도 학위취득종합시험 답안지(객관식)

★ 수험생은 수험번호와 응시과목 코드번호를 표기(마킹)한 후 일치여부를 반드시 확인할 것.

전공분야

성 명

	4	수	험	번	호

(1)

(2)
① ① — ① ① — ① ① — ① ①
② ② ② ② ② ② ② ② ②
③ ● ③ ③ ③ ③ ③ ③ ③
④ ④ ④ ④ ④ ④ ④ ④
⑤ ⑤ ⑤ ⑤ ⑤ ⑤ ⑤ ⑤
⑥ ⑥ ⑥ ⑥ ⑥ ⑥ ⑥ ⑥
⑦ ⑦ ⑦ ⑦ ⑦ ⑦ ⑦ ⑦
⑧ ⑧ ⑧ ⑧ ⑧ ⑧ ⑧ ⑧
⑨ ⑨ ⑨ ⑨ ⑨ ⑨ ⑨ ⑨
⓪ ⓪ ⓪ ⓪ ⓪ ⓪ ⓪ ⓪

※ 감독관 확인란

(인)

관 리 번 호
(연번)
(응시자수)

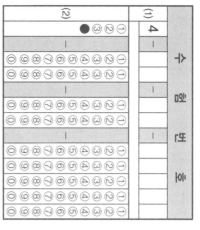

과목코드 / 교시코드 / 응시과목

답안지 작성시 유의사항

1. 답안지는 반드시 컴퓨터용 사인펜을 사용하여 다음 [보기]와 같이 표기할 것.
   [보기] 잘된 표기: ● 잘못된 표기: ⊘ ⊗ ◑ ◉ ◯ ⦿

2. 수험번호 (1)에는 아라비아 숫자로 쓰고, (2)에는 " ● "와 같이 표기할 것.

3. 과목코드는 뒷면 "과목코드번호"를 보고 해당과목의 코드번호를 찾아 표기하고,

4. 응시과목란에는 응시과목명을 한글로 기재할 것.

5. 교시코드는 문제지 전면 의 교시를 해당란에 " ● "와 같이 표기할 것.

※ 한번 표기한 답은 긁거나 수정액 및 스티커 등 어떠한 방법으로도 고쳐서는 아니되고, 고친 문항은 "0"점 처리함.

응시과목
1 ① ② ③ ④
2 ① ② ③ ④
3 ① ② ③ ④
4 ① ② ③ ④
5 ① ② ③ ④
6 ① ② ③ ④
7 ① ② ③ ④
8 ① ② ③ ④
9 ① ② ③ ④
10 ① ② ③ ④
11 ① ② ③ ④
12 ① ② ③ ④
13 ① ② ③ ④
14 ① ② ③ ④
15 ① ② ③ ④
16 ① ② ③ ④
17 ① ② ③ ④
18 ① ② ③ ④
19 ① ② ③ ④
20 ① ② ③ ④
21 ① ② ③ ④
22 ① ② ③ ④
23 ① ② ③ ④
24 ① ② ③ ④

과목코드

응시과목
1 ① ② ③ ④
2 ① ② ③ ④
3 ① ② ③ ④
4 ① ② ③ ④
5 ① ② ③ ④
6 ① ② ③ ④
7 ① ② ③ ④
8 ① ② ③ ④
9 ① ② ③ ④
10 ① ② ③ ④
11 ① ② ③ ④
12 ① ② ③ ④
13 ① ② ③ ④
14 ① ② ③ ④
15 ① ② ③ ④
16 ① ② ③ ④
17 ① ② ③ ④
18 ① ② ③ ④
19 ① ② ③ ④
20 ① ② ③ ④
21 ① ② ③ ④
22 ① ② ③ ④
23 ① ② ③ ④
24 ① ② ③ ④

[이 답안지는 마킹연습용 모의답안지입니다.]

년 도 학 위 취 득
종합시험 답안지(주관식)

★ 수험생은 수험번호와 응시과목 코드번호를 표기(마킹)한 후 일치여부를 반드시 확인할 것.

전공분야

성 명

과목코드

① ② ② ③ ④ ④ ⑤ ⑤ ⑥ ⑦ ⑧ ⑨ ⑩
① ② ③ ④ ⑤ ⑥ ⑦ ⑧ ⑨ ⑩
① ② ③ ④ ⑤ ⑥ ⑦ ⑧ ⑨ ⑩
① ② ③ ④ ⑤ ⑥ ⑦ ⑧ ⑨ ⑩
① ② ③ ④ ⑤ ⑥ ⑦ ⑧ ⑨ ⑩

교시코드

① ② ③ ④

응시과목

수험번호

번호	※ 1차 점수	※ 1차 채점	※1차확인	응 시 과 목	※2차확인	※ 2차 채점	※ 2차 점수
1	⓪ ① ② ③ ④ ⑤ ⑥ ⑦ ⑧ ⑨ ⑩						⓪ ① ② ③ ④ ⑤ ⑥ ⑦ ⑧ ⑨ ⑩
2	⓪ ① ② ③ ④ ⑤ ⑥ ⑦ ⑧ ⑨ ⑩						⓪ ① ② ③ ④ ⑤ ⑥ ⑦ ⑧ ⑨ ⑩
3	⓪ ① ② ③ ④ ⑤ ⑥ ⑦ ⑧ ⑨ ⑩						⓪ ① ② ③ ④ ⑤ ⑥ ⑦ ⑧ ⑨ ⑩
4	⓪ ① ② ③ ④ ⑤ ⑥ ⑦ ⑧ ⑨ ⑩						⓪ ① ② ③ ④ ⑤ ⑥ ⑦ ⑧ ⑨ ⑩
5	⓪ ① ② ③ ④ ⑤ ⑥ ⑦ ⑧ ⑨ ⑩						⓪ ① ② ③ ④ ⑤ ⑥ ⑦ ⑧ ⑨ ⑩

답안지 작성시 유의사항

1. ※란은 표기하지 말 것.
2. 수험번호 (2)란, 과목코드, 교시코드 표기는 반드시 컴퓨터용 싸인펜으로 표기할 것.
3. 교시코드는 문제지 전면 의 교시를 해당란에 컴퓨터용 싸인펜으로 표기할 것.
4. 답안은 반드시 흑·청색 볼펜 또는 만년필을 사용할 것.
   (연필 또는 적색 필기구 사용불가)
5. 답안을 수정할 때에는 두줄(=)을 긋고 수정할 것.
6. 답란이 부족하면 해당답란에 "뒷면기재"라고 쓰고 뒷면 '추가답란'에 문제번호를 기재한 후 답안을 작성할 것.
7. 기타 유의사항은 객관식 답안지의 유의사항과 동일함.

※ 감독관 확인란

㉑

절취선

시대에듀 독학사 1 · 4단계 교양공통 국사 적중예상문제집

개정2판1쇄 발행	2025년 01월 08일 (인쇄 2024년 10월 18일)
초 판 발 행	2019년 09월 06일 (인쇄 2019년 07월 19일)
발 행 인	박영일
책 임 편 집	이해욱
편 저	황의방
편 집 진 행	송영진
표지디자인	박종우
편집디자인	차성미 · 고현준
발 행 처	(주)시대고시기획
출 판 등 록	제10-1521호
주 소	서울시 마포구 큰우물로 75 [도화동 538 성지 B/D] 9F
전 화	1600-3600
팩 스	02-701-8823
홈 페 이 지	www.sdedu.co.kr
I S B N	979-11-383-7951-9 (13910)
정 가	17,000원

독학사 시험 합격을 위한
최적의 강의 교재!

심리학과 · 경영학과 · 컴퓨터공학과 · 간호학과 · 국어국문학과 · 영어영문학과

심리학과 2 · 3 · 4단계

2단계 기본서 [6종]

이상심리학 / 감각 및 지각심리학 /
사회심리학 / 발달심리학 / 성격심리학 /
동기와 정서

2단계 6과목 벼락치기 [1종]

3단계 기본서 [6종]

상담심리학 / 심리검사 / 산업 및 조직심리학 /
학습심리학 / 인지심리학 / 학교심리학

4단계 기본서 [4종]

임상심리학 / 소비자 및 광고심리학 /
심리학연구방법론 / 인지신경과학

경영학과 2 · 3 · 4단계

2단계 기본서 [7종]

회계원리 / 인적자원관리 / 마케팅원론 /
조직행동론 / 경영정보론 / 마케팅조사 /
원가관리회계

2단계 6과목 벼락치기 [1종]

3단계 기본서 [6종]

재무관리론 / 경영전략 / 재무회계 /
경영분석 / 노사관계론 / 소비자행동론

4단계 기본서 [2종]

재무관리 + 마케팅관리 / 회계학 + 인사조직론

컴퓨터공학과 2 · 3 · 4단계

2단계 기본서 [6종]

논리회로 / C프로그래밍 / 자료구조 /
컴퓨터구조 / 운영체제 / 이산수학

3단계 기본서 [6종]

인공지능 / 컴퓨터네트워크 / 임베디드시스템 /
소프트웨어공학 / 프로그래밍언어론 / 정보보호

4단계 기본서 [4종]

알고리즘 / 통합컴퓨터시스템 /
통합프로그래밍 / 데이터베이스

간호학과 4단계

4단계 기본서 [4종]

간호연구방법론 / 간호과정론 / 간호지도자론 /
간호윤리와 법

4단계 적중예상문제집 [1종]

4단계 4과목 벼락치기 [1종]

국어국문학과 2 · 3단계

2단계 기본서 [6종]

국어학개론 / 국문학개론 / 국어사 /
고전소설론 / 한국현대시론 /
한국현대소설론

3단계 기본서 [6종]

국어음운론 / 고전시가론 /
문학비평론 / 국어정서법 /
국어의미론 / 한국문학사(근간)

※ 4단계는 2 · 3단계에서 동일 과목의 교재로 겸용

영어영문학과 2 · 3단계

2단계 기본서 [6종]

영어학개론 / 영문법 / 영어음성학 /
영국문학개관(근간) / 중급영어(근간) /
19세기 영미소설(근간)

3단계 기본서 [6종]

영어발달사 / 고급영문법(근간) /
영어통사론(근간) / 미국문학개관(근간) /
20세기 영미소설(근간) / 고급영어(근간)

※ 4단계는 2 · 3단계에서 동일 과목의 교재로 겸용
영미소설(19세기 영미소설+20세기 영미소설), 영미문학개관(영국문학개관+미국문학개관)

※ 본 도서의 이미지 및 구성은 변동될 수 있습니다.

나는 이렇게 합격했다

당신의 합격 스토리를 들려주세요
추첨을 통해 선물을 드립니다

베스트 리뷰
갤럭시탭 / 버즈 2

상/하반기 추천 리뷰
상품권 / 스벅커피

인터뷰 참여
백화점 상품권

이벤트 참여방법

합격수기

시대에듀와 함께한
도서 or 강의 **선택**

▷

나만의 합격 노하우
정성껏 **작성**

▷

상반기/하반기
추첨을 통해 선물 증정

인터뷰

시대에듀와 함께한
강의 **선택**

▷

합격증명서 or
자격증 사본 **첨부**,
간단한 **소개 작성**

▷

인터뷰 완료 후
백화점 상품권 증정

이벤트 참여방법

다음 합격의 주인공은 바로 여러분입니다!

QR코드 스캔하고 ▷ ▷ ▷ ▶
이벤트 참여하여 푸짐한 경품받자!

합격의 공식
시대에듀